1、海南省高等学校教育教学改革研究项目（项目名称：基于价值链整合的产学研用合作人才培养模式研究与实践，项目编号：Hnjg2022ZD-5）；

2、海南省社会实践一流本科课程建设、海南大学社会实践一流本科课程建设支持。

学习力及其提升策略研究

黄小欧◎著

图书在版编目（CIP）数据

学习力及其提升策略研究 ／ 黄小欧著．－－北京：
光明日报出版社，2022.8

ISBN 978－7－5194－6751－7

Ⅰ.①学… Ⅱ.①黄… Ⅲ.①学习能力—研究 Ⅳ.
①G442

中国版本图书馆 CIP 数据核字（2022）第 153216 号

学习力及其提升策略研究
XUEXILI JIQI TISHENG CELÜE YANJIU

著　　者：黄小欧	
责任编辑：刘兴华	责任校对：周建云
封面设计：中联华文	责任印制：曹　净

出版发行：光明日报出版社

地　　址：北京市西城区永安路 106 号，100050

电　　话：010－63169890（咨询），010－63131930（邮购）

传　　真：010－63131930

网　　址：http：//book. gmw. cn

E－mail：gmrbcbs@ gmw. cn

法律顾问：北京市兰台律师事务所龚柳方律师

印　　刷：三河市华东印刷有限公司

装　　订：三河市华东印刷有限公司

本书如有破损、缺页、装订错误，请与本社联系调换，电话：010-63131930

开　　本：170mm×240mm	
字　　数：206 千字	印　　张：16
版　　次：2022 年 8 月第 1 版	印　　次：2022 年 8 月第 1 次印刷
书　　号：ISBN 978－7－5194－6751－7	
定　　价：95.00 元	

前　言

在知识经济背景下，拥有大量学习型的高技术技能型人才是国家社会经济持续快速发展的关键。他们善于学习，能够与时俱进，不仅拥有"学到什么"的能力，还具有"愿意学习"的动力，此二者密切联系、相互作用，共同构成了"学习力"。对于高校而言，一方面，学生拥有学习力有利于改善其自身的学习效率，提升其专业能力；另一方面，提升学生的学习力是高校提升教学水平和效率以及人才培育质量的重要前提和途径。然而从目前学生的实际情况来看，理想和现实仍有较大差距，主要表现为学生"想学"的意愿不强、基于信息处理的"会学"的能力偏低、学习力总体水平不高等问题。基于此，本书以"学习力"为研究主题，沿着学习力"是什么—如何评价—现状如何—如何提升"的思路，在对学生的学习力进行量化考察的基础上开展案例质性研究，在理论分析的基础上开展实践研究，以求达到不同研究方法的相互印证和优势互补的效果。普通本科教育及高等职业教育是高等教育中两种不同的教育类型，本书以高校学生为基本研究对象，但在策略实践部分则将研究重点放在高职学生群体，通过与普通本科学生进行对比分析，探寻高职学生学习力状况，并提出建议。基于高职教育在技术技能型人才培养上的传统经验，以高职学生为研究重点将有助于探究学习力提升与促进技术技能型人才培养间的关系。将高职学生与普通本科学生进行对比分析，一方面能够凸显高职学生的关键特征，另一方面也能够综合反映不同类型学习情况。这样就使得本书的研究既能够更加聚焦，达到一定的深度，也能够照顾到不同类型学习，体现一定的广度。

本书认为学习力是个体具有的能够促进其顺利开展有效学习，进而促进其实现自身成长和适应环境变化的某种能量，是学习意愿和学习能力相互作用而成的综合体。根据文献梳理和实践来源，本书筛选出学习力的45个关键要素，并以此为基础设计了学习力调查问卷。通过因子分析，确定了七个学习力因子，即学习意识、信息筛选能力、表征性、策略性、迁移力、实践性、自我效能。以此为基础，本书从价值、结构和要素三个层面构建了学生学习力的理论模型。

在现实考察基础上，以普通本科大学生为基本参照得出结论。高职学生学习力的关键特征在于以下两个方面：一是实践主导型的学习力结构特征；二是在信息加工过程中因为具象化的过程强化而形成的技术性特征。以上两个方面的特征使得高职学生较之普通高校学生在技术性思维和操作能力上更具优势。

依据整体性原则，本书从理念层面、制度层面、执行层面"三个层面"提出提升学生学习力的主要策略。在理念层面，要切实树立以"教"促"学"的理念。在制度层面，推进国家资格框架建设，为终身学习提供基础；推进多元育人模式改革，为工作场所学习提供保障；重视过程考核改革，为学校推动综合素质提升的教学实践提供支持。在执行层面，激发内驱力，解决学生"不想学"的问题；基于任务的游戏化课堂设计，培养学生信息加工能力；打造凸显技术性的教学实践，系统化提升学生学习力的综合水平。

目　录
CONTENTS

第一章 绪 论

第一节 研究缘起

一、现实困惑——教师"擅教"如何转向学生"擅学"

实践证明，科技是第一生产力，只有高度重视科技的发展，才能更加有效地推动社会进步和经济建设，加速我国的现代化转型。而科技只有和产业教育深度融合，才能转化成创造实际价值的生产力，才能产生持续的人才供给，高等职业教育（以下简称高职教育）在很大程度上便发挥了这一功能。由此可以断定，科技转化是高职教育非常重要的定位[①]。长期以来，我国高职教育已为我国各行各业输送了大量技术技能型人才，成为促进社会主义现代化建设的重要力量，为推进我国社会经济发展发挥了巨大作用。时至今日，我国高职教育仍存在人才培养质量有待提高等问题。据相关调查显示，将近74%的企业表示，技术人才不

[①] 李峻，马树超，乔云霞. 高职教育"服务贡献"评价指标体系的构建与反思——基于《中国高等职业教育质量年度报告》的分析 [J]. 职教发展研究，2020 (1)：9.

足是制约其转型升级的重要因素。虽然我国已培养了大量的高职毕业生，但是这些人才仍与企业的要求有一定的差距，突出表现为主动性不够，再学习能力不足，未能将理论转换为实践技能等问题①。

究其原因，固然不止一个方面，但是其中主要原因之一就在于，虽然随着教育改革的不断深入，高校的教学条件得到巨大改善，师资水平大幅提高，学校"教"的水平也在不断提升，但是"学"的困惑却未能相应地予以解决。具体表现为，学生学习的主动性仍然不足，厌学情况仍然在较大范围存在着，"学生"还未成为真正的"学习者"。

戴维·H. 乔纳森（David H. Jonassen）等学者在概念层面上论述了学生和学习者的差异性。他强调，学生指的是通过学习活动而获取特定知识以及专业技能的个体；学习者则是依托于自身经验而构建意义的个体②。虽然所有的学生都在学习，但并非所有的学生都能被称为学习者。只有那些具有学习热情、具备学习能力、主动开展学习行动的学生才能称为真正意义上的学习者。学生要实现向学习者的转变，关键在于从"要我学"向"我要学"的状态转换。"我要学"的状态关键就在于学生应具有主动学习意识，进而不断提升自己"擅学"的能力，既"想"学，又"会"学。

当然，学生的学习状态的形成需要教育者的引导。一直以来，不少教师更多的是从"教"的角度开展教学活动。究其原因，一方面，受传统"重教轻学"思想的影响，他们在思想上往往潜藏着"只要'教'好了，'学'自然就会好"的假设，用"教"覆盖甚至取代了"学"；另一方面，由于对"学"的探研不足，导致许多教师忽视了学生的学

---

① 杨公安，白旭东，韦鹏. 职业教育质量评价标准逻辑模型与体系建构［J］. 中国职业技术教育，2019（20）：79.
② 戴维·H. 乔纳森，等. 学习环境的理论基础［M］. 郑太年，任友群，译. 上海：华东师范大学出版社，2002：35-39.

习需求与感受，从而不能很好地调动学生的主动性①。在这种情况下，部分学者提出，传统"教"体系的消解是实现教育改革的重要路径，只有依托"学"的体系，才能实现教育目标②。教育的初衷在于帮助学生发展，其落脚点终归在于激发学生的学习动力，帮助学生掌握方法，进而带动学生取得学业进步。由此可见，所谓教师的"擅教"应在于其能够有效地促进学生的"擅学"。

二、时代要求——学习型社会建设与技术技能型人才培养如何进行

自从 20 世纪 90 年代以来，我国政府一直非常重视学习型社会建设。党的十八大以后，中共中央、国务院对此更是给予了前所未有的高度重视。根据我国政府制定的《国家中长期教育改革和发展规划纲要（2010—2020 年）》，我国在 2020 年基本实现了教育的现代化转型，在全社会范围内强化学习意识，构建覆盖各个群体的学习型社会，不断提升人口素质，逐步打造人才强国。学习型社会是时代发展和社会进步的必然要求，而实现这一目标的核心在于推动家庭、社区、企业、组织以及城市向学习型转化，其关键在于学习型人才的培养。培养学习型人才，是各级各类教育的共同任务，当然也应该贯穿于高校培养技术技能型人才的各个环节之中。目前，高校的人才培养和学习型人才的要求仍存在较大的差距，表现在学生不仅缺乏适应日新月异的技术进步的再学习能力③，还缺乏自主学习的意识或"我要学"的意愿。要改变这一状况，提升学生的学习力无疑是一个适合的切入点。

---

① 李西君. 学生的自主学习能力及其培养［J］. 乐山师范学院学报，2003（3）：110-113.
② 戈登·德莱顿，珍妮特·沃斯. 学习的革命［M］. 顾瑞荣，陈标，许静，译. 上海：上海三联书店，1997：8.
③ 王国光，田静. 关于职校生学习力的调查报告［J］. 职教论坛，2011（21）：89.

1965 年，杰伊·W. 福瑞斯特（Jay W. Forrester）首次提出了学习力的概念，旨在探究组织学习行为和组织绩效之间的相关性，被认为是组织管理研究理论的基础理论之一。终身学习理念从 20 世纪 90 年代开始在全球范围内普及，特别是随着学习型组织理论的提出和完善，如何构建学习型社会成为各方面关注的重点问题。在这种背景下，传统的学习能力理论的局限性日益明显地暴露出来，社会各界开始广泛地关注学习力的问题，并将此作为学习型组织的重要特征在组织管理领域掀起研究热潮。为使教育能够满足知识经济时代的需求，教育科研工作者开始关注学习力及其培养问题，并取得了丰硕的研究成果①。学者们从不同角度解释了学习力的概念、学习力的提升办法等问题。如是，逐步构建了比较完善的学习力理论体系。

近年来，理论更新速度加快，越来越多新理论被用于学习力研究，激励着更多学者开展更为深入的实证研究，进一步推动了学习力理论成果的实践转化，为学习型人才培养提供了理论指导。基于此，以学生群体为研究对象，立足于学生"学"的视角，将已有学习力理论研究成果应用于我国高职教育实践，将有助于激发学生的学习动力，提升其学习能力，为其成为学习型的高技术技能型人才奠定基础。

三、理论启发——学习力理论在教育领域中的运用如何实践

虽然对于学习力的定义并未形成统一观点，但是学习力作为包含着学习动机、学习方法、学习行动等内容的综合概念，其反映学生整体学习水平的重要指标的观点已得到普遍认同。研究者们从不同角度各自解答着"学习力是什么？""学习力包括什么？""如何提升学习力？"等问题，让学习力理论体系逐步成型。随着一些理论成果的实际运用，如

---

① 张春华. 学习力：走向未来的核心能力 [J]. 江苏教育，2015（34）：8.

英国的"有效终身学习编目"（ELLI）项目探索了一种称为"蜘蛛图"的学习力的动态评估方法，进行了较长时间的实证研究，并取得了良好效果，更激励着更多学者们在该领域继续探索①。

对于学习力与学习型人才，笔者认为二者本质相通。学习力是测量标准，学习型人才是人才类型。学习力水平高的人才就是学习型人才。因此，学习型人才的培养关键在于学习力的培养。

基于此，本研究将立足于"学"的视角，将已有学习力理论成果运用到我国高等职业教育实践，分析学生学习力内涵、影响因素，探寻促进学生学习力提升的有效途径，并最终推动学习型人才的培养。

第二节　研究现状及拟解决的问题

为了解学习力研究的现状，本书以中国知网（CNKI）全文数据库为主开展国内文献的收集整理。关于国外文献的收集，本书以权威性和代表性为基本原则，将主要的搜索范围设定为 EBSCO② 教育学学术资源检索大全（ERC）作为教育学科较有代表性的学术资源检索数据库。EBSCO 教育学学术资源检索大全虽未涵盖所有的相关文献，但是其收录的文献能够基本反映该理论的研究动态及重要观点，具有较好的代表性。

---

① 皮连生．教育心理学（第四版）［M］．上海：上海教育出版社，2011：45-47.
② EBSCO，由 Elton. B. Stephens 于 1944 年建立，是 "E. B. Stephens Company" 的缩写。

一、文献研究概况

（一）研究成果的数量变化

以"学习力"为关键词，通过题名检索的方式进行中文搜索，截至 2020 年 7 月，获取了相关文献数量共计 985 篇，包括 2 篇博士论文、56 篇硕士论文；以"学生学习力"为关键词，通过题名检索的方式进行中文搜索，获取相关文献数量共计 200 篇，包括 6 篇硕士论文；而以"高职学生"和"学习力"为并列关键词，通过题名搜索的方式进行中文搜索，获取相关文献数量共计 59 篇。选择"learning power"为关键词，通过题名检索的方式进行外文搜索，搜索相关文献数量共计 320 篇。

从已有文献看，国内早期关于学习力的研究主要是在管理学领域。罗大干是国内研究学习力的早期代表性学者之一，该学者将学习力理论运用于教育领域的研究最早见于 2006 年 6 月。随后研究成果逐年增加，以学生学习力的相关研究成果为例，自 2010 年起增幅较为明显，如图 1-1 所示。

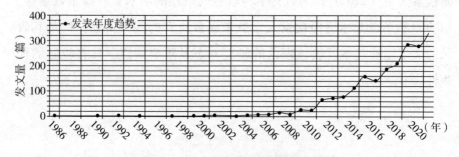

图 1-1   论文研究成果的数量变化图

通过分析外文文献资料发现，和学习力相关的研究成果较早于 1974 年出现，随后研究数量稳步增长，特别是自 2007 年后有明显提升，这也与国内在相关领域的研究热度相呼应。

（二）研究的主要视域

以"学习力"为检索条件检索文献，并按主题分布项显示得出研究主题统计图（见图1-2）。从图1-2可见，除学习力（占比45%）主题本身，研究的相关主题主要分布在学习型组织（占比25%）、企业管理（占比11%）、核心能力（占比6%）、学生学习（占比5%）等方面，由此可以看到学习力理论研究处于多视域交融的状况。

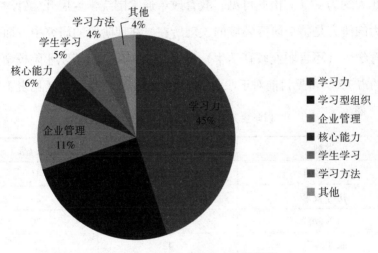

图1-2 学习力文献按主题统计图

一般而言，学习力理论研究较早起源于组织管理领域，并延伸到心理学和教育学等领域，目前对于学习力的研究仍以组织管理学视域为多。然而基于学习力理论在量化和模型等方面的优势，以及时代发展引起的对于学习型人才的关注，学习力理论正越来越多地被借鉴到教育学领域，由此进一步促进了学习力研究的多学科交叉趋势。这种交叉融合有利于整合各种学科思维和研究方法的长处，为学习力理论的进一步发展提供了更大的空间和可能。目前，在学科交叉视域下开展的学习力研究正越来越受到学者们的关注。

（三）相关研究主要关注的对象

目前，有关学习力的研究从对象上看主要包括两类：一类是组织，相关研究主要围绕学习型组织而展开；另一类是个人，专注于个人的学习力开展相关研究。目前，个人学习力是研究的重点。通过对文献进行统计发现，个人学习力的研究对象主要集中在特定学习群体，如学生、成人等。特别是以学生为核心的学习力研究文献占比最高，在总数量中的占比大约为47%。由此可见，教育改革通常围绕学生展开，针对学生学习力的研究是整个研究领域的关键所在。在现阶段的研究中，面向中等教育学生（不含职业教育学生）最多，为41%，对于职业院校学生的研究约占7%，可见目前对于职业院校学生的研究仍然较少（见表1-1）。

表1-1　以学生为对象的研究中不同群体所占比例

类型	发表期刊	比例（%）
中等教育	249	41
初等教育	152	25
高等教育	123	20
职业教育	43	7
成人及业余教育	29	5
其他	15	2
合计	611	100

（四）主要的研究方法

经过梳理相关文献发现，在以个人学习力为研究对象的研究中，国内的研究主要采用定性研究的方法，其在文献总数量中的占比大约为59%。其次是定性结合定量的研究方法，其在文献总数量中的占比大约为26%。还有大约3%的文献采用了文献分析法进行了研究（见表1-

2）。从时间上看，采用混合研究方法的文献大多自 2006 年后逐渐增多，而在此之前的文献主要采用了定性研究方法。这也体现了采用定性和定量混合研究的方法有着逐渐增加的趋势。而与此相对应的是，国外文献主要采用的是定量研究或者定性与定量混合的方法进行研究，约占相关文献的69%。其中，较为典型的研究模式为假设—检验式，即首先建立理论假设，其次通过调查得出数据，最后对数据进行数量分析以验证理论假设并得出研究结论。

表 1-2　不同的研究方法情况

研究方法		比例%
国内	定性研究	59
	文献研究	3
	混合研究	26
	其他研究	22
国外	混合研究	69
	其他研究	31

不同视域下的研究，其采用方法和特点各有侧重。组织管理视域下的研究往往将学习力提升与推进学习型组织的建设相联系，较多使用量化研究的方法；心理学视域下的研究则较多借鉴心理学研究的特点，往往侧重于个体研究，并通过心理实验研究探索个体心理特质和行为规律；教育学视域下的研究往往聚焦学校教育或课堂教学场景，探索提升学习能力的具体方法。

二、研究的主要内容

从目前整理的文献来看，关于学习力的研究主要侧重于学习力的内涵、学习力的评价方法、学习力的提升策略等方面。

（一）学习力的内涵

1. 学习力是学习型组织的关键特征

福瑞斯特在1965年首次提出了学习力的概念，在企业形态研究方面引入了系统动力学理论，并取得一系列的研究成果。他认为，未来优秀的企业一定是善于学习的企业，学习力是其关键的特征。学习力之所以能够使得企业不断成长，源于其能够有效促进组织成员个体的成长。美国学者克瑞斯·阿吉里斯（Chris Argyrols）和埃德加·沙因（Edgar Schein）在1976年共同出版的《组织学习》中认为，学习型组织的最关键内容就是组织学习，组织学习是学习型组织的一项基本技能，这种技能能够促使企业不断革新与发展以应对来自外部和内部的变化及挑战，这是组织发展的必然要求。

1990年，福瑞斯特的学生彼得·圣吉（Peter Senge）将学习型组织研究推向深入。他把组织的学习力视为学习型组织的核心竞争力，并以学习力为核心构建了学习型组织的模型。他认为，组织通过学习使得自身具备比竞争对手更快的适应能力，从而保持长期的竞争优势。对组织而言，通过评价其组织学习力，有利于预估其竞争力的持续性和有效性。学习力作为学习型组织建设的关键点，逐渐被人们所接受并成为评判学习型组织的关键特征①。

2. 个人学习"力"的解释

随着学习力概念在教育学领域被广泛使用，不少学者从培养人的立场出发，将学习力从组织的视角转换到个人，从而将学习力解释为个人学习力。目前，对于如何表述个人学习力的内涵，大家尚未达成普遍的共识。尽管如此，各类观点也有共同之处，都认同学习力是客观的，并

---

① 陈国权. 学习型组织的过程模型、本质特征和设计原则［J］. 中国管理科学，2002（8）：86-87.

且都认为学习力是能对学习活动产生影响的某种能力、品质、能量、素质等。

瞿静学者以学习力的可操作性为切入点，对学习力内涵进行了梳理，并指出学习力指的是围绕学习活动开展，基于特定学习目标，在体验、感知、反思等学习行为的基础上，而构建的一种动态学习的"能力"系统。其涵盖了学习思维、学习决策以及学习行为等方面的创新。① 学者谷力参照了心理学研究理论，并指出所有心智行为均包括两个基本侧面：第一为结构侧面；第二为能量侧面。该学者还提出，学习主体在特定时间段内通过学习活动而构建内在的学习品质，即学习力。英国学者弗朗西斯·哈利·康普顿·克里克（Francis Harry Compton Crick）在总结学习相关理论的基础上，构建了双螺旋结构理论，并提出两条学习链在深度交互的基础上形成了学习活动。该学者进一步提出，随着学习时间的不断深化，学习者从中汲取能量实现自我发展和提升。吴也显等学者依托相关理论基础，对学习力的概念进行了系统论述，并以课堂文化为切入点，重点介绍了学习力价值。根据该学者的观点，对个人而言，学习已经成为其适应社会发展趋势的重要路径，对于个人的生存和发展至关重要。特别是对于现代人而言，学习力是基础性文化素质，而构建教师和学生的学习力共生系统成为目前教育改革的重点内容②。

以上对学习力的理解可综合表述为促进学习的某种能效，即促进学习的某种"力"。对于学习是一种"力"的解释，使得学习力不仅能够

---

① 瞿静. 论学习力理念从管理学向教育学领域的迁移［J］. 教育与职业，2008（3）：64-65.

② 吴也显，刁培萼. 课堂文化重建的研究重心：学习力生成的探索［J］. 课程·教材·教法，2005（1）：20.

成为推动学习达到预期目标的力量，也成为衡量学习效率的重要指标①。

（二）学习力的评价方法

开展学习力评价有利于了解学生学习力的整体情况，对于更有针对性地提升学生学习力有着十分积极的意义。现阶段，可以用来评价学生学习力的方式主要有两种：一是定性评价方式；二是定量评价方式。其中定量评价又包括了模型定量评价和综合定量评价两种方式。模型定量评价的开展一般始于学习力结构模型构建，并基于此开发学习力调研问卷，由此量化考查学生学习力的状况。目前，模型定量的评价方式由于其不仅有着较为系统的模型作为理论依据，还有着较为翔实的数据作为现实支撑，因而得到较为广泛的认可。英国学者盖伊·克莱斯顿（Guy Claxton）通过学习力因子模型建立起的"蜘蛛图"学习力动态评估法就是其中的典型代表之一。

该评价方法首先建立了学习力其因子模型，并设置问卷，了解每一个因子的情况，最终对学生和班级学习力进行评价。其操作过程大概为：第一，针对学生学习力构成要素的相关要求，编制相应的调查问卷，获取学生学习力的基本信息；第二，根据上述步骤获取的数据，可以对个体学习力进行评价，形成学习力剖面图（见图1-3）；第三，整合所有学生个体的剖面图，进而构建班级组织的学习力饼状图（见图1-4），以此反映班级学习力现状。采用学习力动态评估能够实现以下三个方面的价值：首先，学生通过学习力动态评估了解自身学习状态，明确自身在学习方面的不足之处；其次，教师通过学习力动态评估可以了解个体和整个班级组织的学习概况，并据此了解学生在学习过程中的

---

① 李其维．"认知革命"与"第二代认知科学"刍议［J］．心理学报，2008（12）：1307-1309．

好奇心、学习策略等方面的情况，有利于教师制定针对性的教学方法，提升教学的针对性和有效性；最后，通过学生学习力动态评估有利于构建课堂教学的整体框架，对于系统提升教学水平具有积极意义。

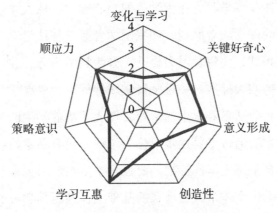

图 1-3　单个学生学习力剖面图

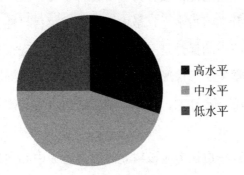

图 1-4　某一表现情况班级平均饼状图

目前，以学生学习力为对象开展的评价研究较少，深入性的研究成果仍较少见。

（三）学习力的提升策略

学习力提升策略是学习力相关研究的落脚点。学者们依托相关的学习力理论，围绕如何提升学习力水平的问题开展讨论并提出建议。根据站位的不同，大致可以分为以下两种类型的研究：

1. 宏观上的理念革新研究

此类研究往往将学习力作为学生的核心能力，从人才培养的角度提出学习力提升的理念或者原则。如我国学者彭希林认为学习力是个人掌握知识的基本条件，他将学习力提升上升为教学理念，并认为提高个体学习力需要坚持四大标准：一是坚持实践性标准，要在学习实践中培养学生的学习力，要从培养学生的学习习惯入手培养学生的学习力，要将学习力提升的方法通过培养逐步内化为习惯，只有稳定的行为方法才能成为能力；二是坚持主体性标准，要强化学生在学习力提升中的主体性地位，在确定学生个体学习力现状的基础上，判断其学习力水平是否满足实际需求，从而激发学生努力改变的内因；三是坚持理论指导标准，即根据学生学习力的整体情况，为学生提升学习力提供理论指导，从而更加针对性地提升学习力水平，最大限度地避免盲目性；四是坚持层次性标准，个体学习力的提升是一个积累和跃变的过程，有必要首先确定培养目标，根据学生实际情况制定不同层次的培养目标，分阶段、分环节、有重点地实施培养计划，为提升学生的学习力和改善学生培养效果指明方向①。

我国学者贺武华也认为应该树立以学习者为中心的基本原则，扎实开展学生学习力的培养工作，并提出了三个具体步骤：第一步是"还教于学"，教学的落脚点是"学"，教学的核心目标依然是"学"；第二步是"还学于生"，就是要唤醒学生的主体意识，要基于兴趣的学习，要为自己而学；第三步是"促进个性发展"，在教学过程中应坚持"以人为本"的基本理念，强调每个学生的个性化特征，采取因材施教的

---

① 赵志群. 职业教育与培训学习新概念 [M]. 北京：科学出版社，2003：74-79.

方法，促进学生个性发展。

学者孙芳针对学生学习力提升也提出三大原则：一是立足实际的原则。认为学习力提升必须立足于自身实际，以适应实际的岗位需求为根本标准进行教学设计和安排，要着重打造实践场所，凸显教育教学的基本特征。二是抓住关键的原则。以"双师型"教学队伍建设为关键，切实提高教师的教育指导水平。三是明确主体的原则。明确学生主体地位，推进形成基于适应力提升的学生自主式学习环境①。

2. 微观上的课堂学习力或个人学习力提升研究

由于课堂是教学的主要场所，因此，从课堂切入探讨学习力提升问题是目前学者们开展学习力策略研究的重要视角。如英国学者克莱斯顿依据"有效终身学习"的项目实践提出学习力是客观存在的，由于其具有不可见的特点，往往容易被忽略，但是可以通过学习者的具体行为表现被识别出来，因此可以通过塑造课堂行为间接影响学生学习力的发展。他进一步提出提升课堂学习力的六个步骤：第一步是推动不同学生主体之间建立互动性的学习关系；第二步是促成各个教学主体和学习主体之间建立交叉互动关系；第三步是塑造学习榜样，明确学生学习的目标；第四步是对学习效果进行评估，了解学生的学习力状态；第五步是创造具有挑战性的学习环境；第六步是通过正向激励引导学习的氛围，进而促进学习目标的达成。目前，这一项目实践在英国很多学校进行推广，在学生学习力提升方面发挥了重要作用。在我国，课堂学习力提升也受到越来越多学者的关注。学者吴也显从课堂文化建设的角度切入提出学习力是在课堂交往活动中生成的，他认为认知和情感两个方面的能力相互作用构成了学生的学习力。认知能力主要体现为信息辨别和信息加工的能力，情感能力是个体在学习过程中对内在情感的协调和支持能

---

① 马成荣.高职学生学习方式变革的价值取向及其途径［J］.中国高等教育，2006（21）：76.

力。因此，学习力的提升可以从以下三个方面进行：一是加强信息辨别、加工能力的培养；二是加强学习者自我心理调节能力的培养；三是加强学习者自控及反省能力的培养。①②

从微观的个人入手开展学习力研究亦是学者们热衷的方向。如诺埃尔·兰迪（Noel Landy）在不同维度下探究了学习力提升的有效路径，包括学习技巧、方法、事件管理、阅读能力、考试应对等诸多方面，此类研究并不局限于具体的类型和环境，而是针对一般的学习者，对于提升广大个体学习者的学习效率起到积极作用③。

（四）针对学生学习力的研究

目前针对学生学习力的研究仍然较少。经梳理，研究内容主要集中在学生学习力的内涵和学习力的培养两部分。在学生学习力内涵研究方面，郗洪国认为，学生学习力指的是学生依托教育而掌握技能的程度，是不同技能基于特定要素结构而构建的有机整体，通过研究学生的学习力，有利于提升其对知识和技能的掌握程度，对于培养其创新意识和创新能力具有正向作用④。

对于学生学习力提升，李思玲认为，学习力体现为学习"发展力"和学习"转化力"。学习"发展力"重在学生能够通过人际交往、心理调适；学习"转化力"则强调迁移和转化，注重快速地获取信息、强

---

① 白娟，周丽，檀祝平. 高职学生学习力评价体系构建研究——以旅游专业为例［J］. 中国职业技术教育，2018（23）：41.
② 庞维国. 90年代以来国外自主学习研究的若干进展［J］. 心理学动态，2000（10）：12-13.
③ 诺埃尔·兰迪. 超级学习力训练［M］. 徐世明，译. 北京：中国工人出版社，2004：66-69.
④ 郗洪国. 山东广播电视大学学报［J］. 高职院校学生可持续学习力培养途径，2009（1）：22.

化执行，将所学知识进行创新应用和转化①。白娟等学者以旅游行业学生为研究对象，对其学习力进行了深度剖析，认为提升学习力应注重培养现代的学习观，包括自主、创新、合作等现代新型学习理论，有利于学生形成"终身学习"的理念。此外，针对学生学习力的研究，可以加速教学模式改革，对于优化现有教学模式，提升教学效果，改善教育现有质量均具有积极的作用②。

总体而言，针对学生学习力研究，学者们开展了诸多探索，积淀了良好的基础，但是目前研究成果仍不丰富，仍有较大的发展空间。

三、已有研究的不足及本书拟解决的问题

（一）已有研究的不足

虽然关于学习力的研究已经形成了大量的理论成果，但是该主题的基础理论和应用研究都还处于探索发展阶段，特别是国内针对学生学习力的研究仍然较为缺乏，主要表现在以下几个方面：

1. 理论体系仍不完备

虽然已有研究从不同角度对学习力的内涵、构成和提升进行了阐述，但是研究成果仍未形成较为完备的体系。较为突出的表现是各种研究成果仍从各自的学科视角出发，并未达成有效的融合。目前在学习力研究上比较有代表性的学科视域包括了心理学视域、管理学视域、教育学视域等。各种学科视域下，不同的研究范式相互影响，虽然有力地推动了学习力理论的不断深入和发展，但是存在各种视角下研究成果彼此脱离甚至冲突的问题。比如，心理学视域下，对学习的研究侧重于将学

---

① 李思玲. 高等教育普及化视域下高职学生学习力构成要素探析 [J]. 河北职业教育，2020（8）：88.

② 白娟，周丽，檀祝平. 高职学生学习力评价体系构建研究 [J]. 中国职业技术教育，2018（23）：39-40.

习理解为一种行为，而主要采用行为学和心理学的思路，从自主学习能力的角度探讨学习"力"。与此相对，管理学视域下的研究更直接地延续学习力的概念，以表达促使学习者达成学习目标的能力体系。在教育学视域下的研究则吸收了二者的观点，但出现了概念混淆的情况。如在部分研究成果中出现了将自主学习能力和学习力的概念混用的情况。由此可见，教育学视域下，学者们在学习力研究上虽"拿来"了一些好的观点和方法，但是站位于跨学科层面推动理论的"交融式"的创新发展仍有不足。

对于学生学习力的研究，系统化不足的问题更为突出。相关的研究成果多为散见于针对学习力中某个方面或问题的观点，系统性研究和成果并不多见。因此，进一步整合相关研究成果以更好地使之体系化是当前学生学习力理论研究特别是高职学生学习力研究的重点之一。

2. 基于理论与实证结合的研究明显不足

目前，国内学者在学习力的研究上较多采用定性的研究方法，这类研究往往基于文献、理论或一般现象展开论述，缺乏必要的数据或者实证支撑。而部分采用了实证方法开展的研究，又存在因缺乏较为系统的理论铺垫而使得研究的深度受到限制的问题。以上两种情况说明了，目前研究中理论与实证方法的有机结合仍待深入的问题。特别是对于高职学生学习力的研究，更是如此。由于缺乏理论和实证的有机结合，要么理论过于空洞，要么实证缺乏依据，因而较难产生深入而系统的研究成果，所产生的理论对于实践的指导作用也受到影响。

3. 本土案例研究十分缺乏

在学习力研究方面，国外教育界起步较早，研究成果比较丰富。特别是在实证研究上开展了大量的尝试和探索，因而积累了大量的案例和经验，这对于国内研究的开展提供了很好的借鉴。国内有部分学者尝试对国外成熟经验进行本土化的研究，并积累了可供操作、借鉴的案例和经验。但是，目前相关成果并不多见，结合我国高校特点开展的案例研究更是十分缺乏，可供参考的案例和经验极为不足。

（二）本书拟解决的问题

1. 系统阐述学生学习力理论问题

鉴于以上研究现状，本研究将着力阐释"学生学习力是什么""学生学习力的结构如何""学生学习力的特征为何""如何提升学生的学习力"等问题。本研究将充分借鉴管理学、心理学、教育学等学科研究视角的方法优势，开展较为系统的研究，以期进一步完善学生学习力理论体系。

2. 开展较为深入的实证研究

本书将采用量化研究和质性研究相结合的方式，聚焦学生的现实问题，开展较为系统、深入的实证研究。一方面，重点关注我国学生的实际情况，构建适合本土的学生学习力模型，同时，设置调查问卷，为学生学习力评价提供可操作的测量工具；另一方面，发挥质性研究的优势，弥补量化研究中可能出现的不足。本研究将针对量化研究形成的推论，开展基于扎根理论的质性研究，以此验证并完善推论的观点。量化研究和质性研究两种方法的结合，相互补充及印证，形成本研究中实证研究的方法体系。

3. 开展案例研究

在理论研究基础上，本研究将选取一所典型高校开展案例研究。这项工作一方面有利于通过实践检验本书的理论观点，另一方面可以丰富案例经验，为后续的研究和人才培养实践提供一些参考。

（三）研究的意义

1. 有助于丰富学习力理论体系

学科交叉是科学研究发展的趋势之一，学习力概念由组织管理学领域引申到教育学领域就是其中的例子。本研究将充分借鉴不同学科视域下学习力的研究成果，对学习力相关概念进行厘清，对已有的相关理论进行梳理，这将有助于丰富学习力理论体系。同时，本研究主要聚焦学生学习力提升这一话题，开展学生学习力理论模型构建、实证考察、案例研究等，能够为深化学习力及其提升的理论研究提供第一手资料，在一定程度上推进学生学习力理论体系的形成及完善。

2. 为人才培养提供思路

学生学习力水平不高是制约高校人才培养质量提升的重要因素。本研究在对学生学习力分析的基础上，从学习意愿和学习能力两个主要方面入手，提出学生学习力提升策略的构想，这对高校变革教学实践，提升学生参与学习的行为意向，发展其自主学习能力，提升其专业学习水平，具有一定的参考价值和指导意义，本书将研究重点放在高职学生群体，这对于高职院校人才培养工作亦有一定的借鉴价值。

第三节　研究设计

一、研究思路

本书以学习力为研究主题，并聚焦高职学生群体探讨提升学生学习力的基本路径和主要策略。本书着力解决的四个问题，即"学习力是什么?""学生学习力如何评价?""学生学习力的现状如何?""如何提升学生的学习力?"

学习力已有文献研究及概念梳理是本书的逻辑起点，据此试图回答"学习力是什么"的问题，这也是本书的理论基础。

"学生学习力如何评价"是本研究的难点问题，经过要素梳理，在其因子分析的基础上，依据学习力相关理论，构建学生学习力理论模型，为学生学习力的评价搭建分析框架和指标体系，这为本研究的开展提供了技术支持。

"学生学习力的现状分析"为本研究开展奠定了现实基础。这部分工作的开展一方面将采取量化的分析方法，通过问卷设计、调查、分析以了解学生学习力的现实情况；另一方面，基于量化考察的初步结论开展针对性的质性研究。这不仅可以对结果进行验证，还能够更为具体地分析其原因。为了更加凸显学生学习力的特征，在现实考察中将高职学生和普通高校学生进行了较为全面的对比。

在解答以上三个问题的基础之上，本研究将对"提升学生的学习力"的策略进行探讨。为了验证该策略的有效性，本研究还将选取一些关键策略运用到具体的高职教育实践中，开展案例验证研究。对以上四个问题的探究构成了本书的基本框架（见图1-5）。

二、研究方法

本研究所采用的研究方法主要有以下五种：

1. 文献研究法

通过对学习力相关文献的阅读、分析和整理，为界定学习力概念，探索构建学生学习力理论模型，以及探索提升学生学习力的策略奠定资料和相关学科理论基础。

2. 统计分析法

本书在获取相关数据的基础上，采用 SPSS15.0（统计产品与服务解决方案软件）、AMOS17.0（智能模型分析软件）、NVIVO10.0（质性研究分析软件）等软件对相关数据进行统计学分析，从而获取相应的研究结论。

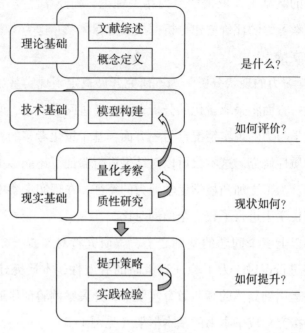

图 1-5　技术路线图

3. 调查法

编制《学生学习力调查问卷》，并开展问卷调查。以书面形式向专家咨询，收集研究资料和数据。采用访谈法收集学生学习情况等相关数据。

4. 扎根理论分析法

扎根理论分析是一种定性研究的方法，其主要宗旨是从实际观察入手，在经验资料收集的基础上，通过整理归纳、编码等方式形成概念和理论体系。

5. 实验法

选取典型的高校作为对象进行实证研究，在实践中检验学生学习力模型和相关研究结论。同时，结合本书中关于学生学习力提升策略的设想进行实践检验。

第二章　理论脉络探寻及概念发展

第一节　学习理论的发展

人们对学习的探索主要经历了四次较大的范式转变，分别是哲学思辨式研究、基于实验的科学研究、走出实验的多学科融合研究、关注现实情境的学科研究。

一、哲学思辨的学习研究

在很长一段时间里，科学还没有发展到能够解释自然现象和内在规律的阶段，人们只能通过直觉的方法和经验的猜测来认识世界。学习问题的研究也是如此，早期的研究主要是通过哲学思考和经验开展的。哲学的视域对学习活动的考察一般是在认识论范畴内进行的。哲学研究的学习主要基于理性主义和经验主义两种范式。

（一）理性主义

"理性主义"可以追溯到古希腊哲学家柏拉图（Plato）提出的"理念论"，人们认为这是理性主义的较早起源，他把世界区分为两个部分：感性世界和理性世界，并在进一步总结前人关于"一"与"多"的观点之上提出感觉是"多"，而理念是"一"的观点。"多"是表面的、不确定的；感性世界也是无法确定的，而通过感性的经验的方法也就同样无法形成任何"确定性"的知识。柏拉图认为只有"一"才具有恒久性，因而只有依靠理性的分析才能触碰到事物本质的"确定性"。

推动理性主义较大发展的另一位典型哲学家是勒内·笛卡儿（Rene Descartes）。笛卡儿作为近代哲学的奠基人物之一，提出"我思故我在"的观点，用"思"来统摄"在"，认为只有"我思"是确定的，其他的都不能确定，进一步明确了"理"在认知过程中的"真"，突出了理性在思维中的作用。戈特弗里德·威廉·莱布尼茨（Gottfried Wihelm Leibniz）在关于知识表征的研究中，批判了感觉经验，认为感觉经验对于知识的产生是必要的，但并不足以向人类提供具有普遍必然性的知识，而是仅仅在知识的产生过程中提供一些可供参考的例子，并认为人类思维与动物之间的区别就在于人有理性思考的能力，而正是这种理性能力帮助人们探索"真"知。

德国哲学家伊曼努尔·康德（Immanuel Kant）声称尽管我们的全部知识开始于经验，知识却并不遵循经验产生的途径。康德进一步认为"先验知识"独立于经验而存在。这种先验是在人类认知器官中先天具备的，不可能由任何经验得到。康德提出并讨论了纯粹形式推导出来的先验而引起的超验逻辑的可能性，纯粹先验知识包括类似如时间和因果的概念，康德认为如果没有这些先验知识对人类个体认知的建构，人类个体就不具备经验的能力。

总之，有着"理性主义"观点的哲学家们通过何为"真"知的探讨，推动了哲学探讨的不断深入。他们对"理性"的追求而延伸出的严谨的推理方法也深深影响着认知理论的发展，到后来的"逻辑的内省"和"严谨的实验"也大概延续了理性主义的观点，并最终推动了认知科学得以确立并快速发展。

（二）经验主义

与"理性主义"对应的另一种认识论观点被称为"经验主义"。经验主义者们主张感性世界是客观世界的反映，人的一切知识都来源于感性世界并建立在感性知识之上，只有感性经验是最"真实"的。持此类观点的典型的代表之一亚里士多德（Aristotle）提出"感觉是知识的来源"，并认为通过对感觉的归纳能够得到普遍的、稳定的知识，他还将感官获取的知识进一步细分为理论类知识、实践类知识和创造性知识。哲学家约翰·洛克（John Locke）提出了著名的"白板说"并一度成为经验主义的典型学说，他提出人的心理最初像一块白板，上面是没有任何字迹的，一切的观念都是后天的经验"刻画"上去的。洛克认为所谓知识是由外界事物作用于感官引起的，因而知识的"真理性"在于它与外界客观事物的契合性。

对于知识的获取方法，经验主义者们一般强调归纳和分析。分析就是把对象分解为不可再分的，彼此孤立的部分或元素，事物不过是各个部分、元素的结合。归纳则是在此基础上的整理和归类。经验主义的观点对其后各种学习研究的流派产生了深远的影响。

总之，学习现象的探索一直孕育在哲学的母体中。这一时期虽还没有系统的学习理论，但却已有着丰富的关于学习的思想，这些以思辨为主要研究方法的思想为学习理论的体系化和科学化的发展奠定了坚实的基础。

二、通过实验，学习研究成为一门科学

随着系统观察和科学实验成为"科学方法"且在各项研究中的广

泛使用，不少学者尝试通过实验的方法试图能将认知的奥妙"实实在在"地展示出来。1879 年，威廉·冯特（Wilhelm Wundt）在德国莱比锡大学建立了世界上第一个心理学实验室，并将思辨的方法与精确的心理实验结合使用，"科学心理学"由此建立，人类对学习心理现象的探索进入了"科学"时代。在此期间，随着实验方法的推广，关于学习行为的研究主要有"行为主义"和"认知主义"两大范式。

（一）行为主义的学习研究

行为主义的理论观点起源于巴甫洛夫的实验。自 1903 年起，伊万·彼德罗维奇·巴甫洛夫（Ivan Petrovich Pavlov）连续多年致力于高级神经活动的研究，他发现了大脑皮层机能的活动规律，由此提出了经典的"条件反射学说"，提出了一个刺激和另一个带有奖赏或惩罚的无条件刺激通过多次联结，可使个体学会在单独呈现该刺激时，也能引发类似无条件反应的条件反应。美国心理学家约翰·布罗德斯·华生（John Broadus Watson）在巴甫洛夫"条件反射学说"的基础上进一步提出"行为都是经过学习而获得的"，因而也可以通过学习而更改。他认为只要查明了环境刺激与行为反应之间的规律性关系，就能根据刺激预知反应，或根据反应推断刺激，达到预测或控制个体行为的目的。华生同时对冯特建立起来的实验内省主义的心理学研究方法提出了质疑，他认为即使加入实验控制的内省法本质上仍属于对经验的主观研究，诸如意识、意象等概念，既不明确又不可以直接应用，应该予以摒弃。他认为心理学应该研究所观察到的并能客观地加以测量的刺激和反应，他的观点得到许多研究者的呼应，行为主义学派开始崛起。

早期行为主义者们往往将学习的理论研究视为自然科学的范畴，并将学习当作最普通的一种行为。他们将研究对象设定为人和动物的行为，并认为刺激和反应是其研究的基本对象，一切学习问题都能纳入刺激和反应的规范之中。他们还提出"S—R"（刺激—反应）的基本公式，将学习认为是刺激与反应的直线对应。

大约到20世纪30年代，以爱德华·切斯·托尔曼（Edward Chace Tolman）为代表的新行为主义者修正了华生的观点，他们指出在个体所受刺激与行为反应之间存在着中间变量，这个中间变量主要是个体当时的生理和心理状态，包括需求变量和认知变量。需求变量本质上就是动机，它们包括性、饥饿以及面临危险时对安全的要求；认知变量就是能力，它们包括对象知觉、运动技能等。

新行为主义中的另一位代表人物是伯尔赫斯·弗雷德里克·斯金纳（Burrhus Frederic Skinner），斯金纳通过改进巴甫洛夫的实验发现老鼠不仅由"事先"的刺激激发其拨动开关，也由"事后"的刺激激发其拨动开关，由此可见，动物的行动不仅仅是简单的"刺激—反应"，还受周围环境的影响。如"事后"的磁疗奖赏，斯金纳由此提出了"操作性条件反射理论"。与传统条件反射理论不同的是，操作性条件反应还产生了新的行为模式。斯金纳还进一步提出了"强化理论"，认为行为并不是简单的反射，它还可以通过强化得以训练。所谓"强化"就是通过强化物增强某种行为的过程，而强化物就是增加反应可能性的任何刺激。斯金纳的强化理论对改变当时美国和欧洲盛行的体罚教育起了积极作用。

总体而言，行为主义者们主要是通过观察外显的行为变化来研究学习问题的，他们在受严格控制的实验室中大多以动物为研究对象，主要采用实验法开展研究，并将学习过程归结为刺激与反应的联结。行为研究的方法曾经风靡一时，并取得了大量的研究成果，但是由于行为主义坚持只有能被观察到的、可予以客观记录和定量化的行为才符合心理学研究的标准和原则，由此将实验心理学的科学主义发展到了另一个极端而忽略了意识的作用，也为后来的认知革命埋下了伏笔。

（二）认知主义的学习研究

"认知革命"是指心理学研究从行为主义范式到认知主义范式的大转变，心理学由此将研究的重心从外部行为的观察转向内在认知过程的探索。

学习的认知理论起源于德国格式塔心理学派的"完形理论"。格式塔心理学的创始人之一克勒（Khler）以黑猩猩为对象进行实验研究，并撰写了文章《猩猩的智慧》。他继承了格式塔理论并进一步提出了"完形—顿悟说"，其主要观点包括以下两点：一是学习不是刺激与反应的简单联结，而是组织、构造一种完形；二是学习不是通过尝试错误来实现的，而是一种顿悟。瑞士心理学家让·皮亚杰（Jean Piaget）在"完形—顿悟说"基础上进一步提出了著名的"认知结构说"，认为学习者只有把外来刺激不断同化到原有的认知中去，人类学习才会发生。这个新经验和旧经验结合而形成的内部知识结构就是认知结构。"认知结构说"同时强调认识过程中主体的能动作用，认为认识活动的目的在于取得主体对自然社会环境的适应，达到主体与环境之间的平衡，主体通过动作对客体的适应又推动认识的发展。

同样受"完形—顿悟说"的启发，另一位学者杰罗姆·布鲁纳（Jerome S. Bruner）进一步提出"认知学习理论"，他认为学习是学习者主动地整合新旧知识，并不断更新内在思维的认知过程。但是相较于"完形—顿悟说"主要建立在动物学习实验基础上的情况，"认知学习理论"主要是建立在对人类学习研究的基础上的，因此，其所关注的认知超越知觉的水平而走到了抽象思维的层面，这使得学习针对"人"的研究更进一步。

总之，行为主义强调学习的外显行为研究，关注控制的条件刺激和可观察的行为之关联。认知主义的研究主要关注学习者的内部心理结构性质以及其是如何变化的。两者在研究思路上大相径庭，但也从不同的视角推动了学习理论研究的快速发展。

三、学习理论的多学科融合研究

到 20 世纪 50 年代以后，计算机科学技术的兴起与发展，为心理过程的分析和推演提供了一个重要的工具。赫伯特·亚历山大·西蒙（Herbert Alexander Simon）等人的研究表明心理学中的许多问题类似于计算机处理信息的过程，因而可以用计算机处理信息的过程来模拟人的心理活动过程，不同学科研究成果的相互借鉴由此成为推动学习理论进一步发展的重要动力。

（一）信息加工理论的提出

信息加工理论者将心智与计算机类比，把认知过程模拟为针对信息处理的物理符号运算系统，认为思维过程是按照一定的规则对符号的组合，如存储、处理、提取，大脑就像是一台计算机，而思维就是其中的计算过程。

在"信息加工理论"中，由于人的心理机能的复杂性，学者们根据对学习过程的不同理解提出了不同的信息加工模式，美国教育心理学家罗伯特·米尔斯·加涅（Robert Mills Gagne）的"信息加工模式"是其中较为典型的代表。这一模式表明，来自外界环境的刺激通过学生的感受器，以映像的形式输入感觉登记器，形成瞬时记忆，同时借助注意将这些信息以语义的形式储存在短时记忆中，然后经过复述、精细加工、组织编码等过程后进入长时记忆。长时记忆的信息要转变为人能清晰意识到的信息则需要将它们还原到短时记忆中进行提取，因为短时记忆是信息加工的主要场所，所以也称为"工作记忆"。"工作记忆"将从感觉记录器和长时记忆中提取的信息进行加工处理。处理结果一方面送至长时记忆，另一方面送至反应发生器。反应发生器将信息转化成行动，并作用于外界环境。在这个模式中，执行控制和预期是另外的两个重要系统，对信息加工过程起到调节作用，执行系统是运用已有的经验对当前学习过程的行为产生影响，进而起到调节作用，预期系统是通过调节动机系统对信息加工过程产生影响，起到激励和产生情感效能的作用。

"信息加工理论"借鉴了计算机科学的研究思路，对于梳理学习过程中的各个环节起到了积极的作用，其在本质上还是延续了认知学派的观点，即从认知结构上对学习过程展开研究，但其通过信息处理过程的系统化梳理又进一步推动了认知学派的进步，并最终推动其完成了认知革命，使得认知理论在心理学研究中开始占据主导地位。

（二）建构主义的学习观点

20世纪90年代，认知学习理论的一个重要分支"建构主义学习理论"在西方逐渐流行。在皮亚杰"认知结构说"的基础上，罗伯特·斯腾伯格（Robert J. Stern berg）和丹尼尔·卡茨（Daniel katz）等人强调个体的主动性在建构认知结构过程中的关键作用，并对认知过程中如何发挥个体的主动性做了认真的探索。他们认为知识不是简单地通过教师的传授而获得的，而是学习者在一定的社会情境下，通过共同学习过程中其他人（包括教师和学习伙伴）的帮助，借助必要的学习资料，通过意义建构的方式而获得。由于学习是在一定的社会文化的情境下，借助其他人的帮助，即通过人际间的协作活动而实现的意义建构过程，因此建构主义学习理论将环境、协作、会话和意义建构视为学习环境中的四个核心要素。

另一位著名学者维果斯基（Lev Vygotsky）提出的"文化历史发展理论"，强调认知过程中学习者所处的社会文化历史背景的作用。其要点包括：人类历史文化发展是个体心理发展的根源与决定因素。文化是人的社会生活群体活动的产物，个体活动从群体活动中派生出来。群体社会活动（或称外部活动）是个体之间的心理过程，个体活动（或称内部活动）是内部心理过程。从群体社会活动向个体活动转化的本质，是个体间心理过程内化为个体内部心理过程；人创造的各种记号（语言、号码、计数和记忆装置、艺术作品、书信、图表、地图和各种暗号等）在内化过程中起决定作用。记号是一种人造的刺激物，使人摆脱对来自客观世界的客体刺激物的依赖。人类的高级心理机能，即人的社会文化的模塑品。在人类文化发展中，任何机能最初都发生在个体之间，然后才内化到心理，从由别人来调节行为向行为的自我调节转化，从而产生高级心理机能。

建构主义思想不仅发扬了认知主义中的建构思想，也吸收了社会学理论的一些成果，其影响力不断加强并极大影响了教育思想的发展，"学习"不再是从教师到学生的传递，而是学生的"主动"建构；教育活动中"学习者"的地位越来越凸显，"教与学"的关系进一步融通。随着对学习的各种关系以及对环境的关注，大家探讨的焦点也从理论走向了现实世界。诸如学校、课堂、工作场等更加广阔的学习场景，并超越"实验"去研究自然状态下的真实学习。

四、情境学习理论的发展

（一）情境认知理论的兴起

"情境认知理论"是继行为主义"刺激—反应"学习理论与认知心理学的"信息加工"学习理论后，与建构主义大约同时出现的又一个重要的研究理论，它试图纠正"刺激—反应"和"信息加工"学说过分依靠规则与信息描述而忽视了文化背景，同时更加强调了人与环境的互动。

知识的社会性和情境性是"情境认知理论"的两大主张。一些情境认知理论者认为，知识不是一件事情或一组表征，也不是事实和规则的集合，知识是个体与环境交互作用过程中建构的一种交互状态，知识是情境化的。学习不仅仅是一个个体性的意义建构的心理过程，更是一个社会性的、实践性的、以差异资源为中介的参与过程。知识的意义连同学习者自身的意识与角色都是在学习者和学习情境的互动、学习者与学习者之间的互动过程生成的。

其典型代表美国心理学家阿尔伯特·班杜拉（Albert Bandura）于1952年提出的"社会学习理论"，着眼于观察学习和自我调节在引发人的行为中的作用，重视人的行为和环境的相互作用，即个人的认知、行为与环境因素三者及其交互作用对人类行为的影响。按照班杜拉的观点，以往的学习理论家一般忽视了社会变量对人类行为的制约作用。他们通常是用物理的方法对动物进行实验，并以此来建构他们的理论体系，这对于研究生活于社会之中的人的行为来说并不具有科学的说服力。由于人总是生活在一定的社会条件下的，所以班杜拉主张要在自然的社会情境中而不是在实验室里研究人的行为。

基于对知识的社会性强调，以琼·莱夫（Jon Leifs）等人为代表的情境认知学者们从社会学视野，强调了学习过程的关键就在于建立"实践共同体"。他们认为学习的本质就是对话，在学习的过程中所经历的就是广泛的社会协商，并强调了"实践共同体"的构建是一个"合法的边缘性参与"的过程。"合法的边缘性参与"即"一群追求共同事业、一起从事着通过协商的实践活动、分享着共同信念和理解的个体的集合"。大家有着共同的任务，使用工具、利用资源并通过实践活动完成任务，有共同的历史、知识基础与假设，以及各自担负的责任。由此可见，对情境认知与学习的研究已经从理论走向实践，并在教育心理学领域中进行了一系列课程与教学的开发与研究，从而给传统的课堂带来了新的生机与活力。教育日新月异的发展则给情境认知与学习理论的未来发展提供了坚实的物质基础与广阔的发展空间和美好前景。

总体而言，"情境学习理论"既反对行为主义把人等同于动物，反对其只研究人的行为，而不理解人的内在本性，又反对认知心理学虽然重视人类认知结构，但忽视了人类情感、价值观、态度等最能体现人类特性的因素对学习的影响。在他们看来，要理解人的行为，必须理解他所知觉的世界，因此他们强调要以学生为中心来构建学习情境。"情境学习理论"进一步推动了学习研究的理论与实际的结合，学习理论随着研究的深入日益丰满，也为学习理论独立成科创造了基础条件。

（二）学习科学的诞生

伴随着信息技术的快速发展，社会急速向知识经济和信息社会过渡，基于 20 世纪初的工业化社会背景下的教学方式已经不再适合知识经济时代发展。教育界开始寻求一种以学习者体验为中心的新的学习模式变革，科斯·索耶（Kos Sawyer）将其称为"深度学习"，这也直接推动了"学习科学"从第二代认知科学中萌芽与发展。

1991 年的"人工智能与教育会议"中"学习科学"开始萌芽，这次会议也因此被视为最早的学习科学会议。1996 年，学习科学领域的专家在中国的西北大学召开了第二届学习科学国际会议。同年，在学习科学形成过程中，首批从传统认知科学走出来的认知科学家珍妮特·科洛德纳（Janet L. Kolodner）在罗杰·沙克（Roger C. Schank）、阿兰·柯林斯（Alan Collins）和安德鲁·奥特尼（Andrew Otney）支持下创办了第一本《学习科学杂志》，并担任杂志的主编，这标志着"学习科学"的正式诞生。

"学习科学"的诞生标志着学习理论的不断成熟，并站在"认知科学"的肩膀上综合其他诸如社会学、文化人类学等相关学科的视角，全面研究学习活动的认知过程、社会情境和设计方式。"学习科学"的独立意味着"学习科学"建立起了自己的理论体系，并聚焦"学习"开展理论研究，而不再是认知心理研究的延伸，进一步推动了其从理论研究转向实际运用，并给学习、教育以及政策制定提供科学的指导。

综上所述，顺着学习研究范式的变化，我们可以概览学习理论的发展过程。学者们从不同角度入手，但终归在以下两个方面汇合：一是促进了学习理论研究走向完整。从哲学思辨到科学实验，学习研究逐渐走向系统化和科学化。经历了行为主义到认知主义的发展，不仅重新恢复了意识在心理学中的地位，使意识与行为统一起来作为心理学完整的研究对象，也扭转了行为主义的"机械决定论"和精神分析"非理性主义"的范式，突出了人的主体性和意识的能动作用。随着学习研究走出实验室，学习活动不再是孤立的行为而是社会化的过程，并且不断成熟与完善。二是推动学习理论研究回到现实。行为主义的学习理论，主要解释学习是在既有行为之上学习新的行为，但不关心行为的心理过程。随后产生的信息加工学派突破了行为主义仅从外部环境考察人的学习的思维模式，抓住了人的思维活动的本质特征，但它的缺陷在于脱离社会实践，把人的认识活动只归结为纯粹的认知行为，存在的问题则显而易见。受到"情境认知理论"影响而萌芽的"学习科学"意识到了情境对于人的认知的作用，使得教育学的认知研究从实验室走进了现实世界，并在真实的教学情境中进行。学习活动的研究正是一步步回到"现实"中才得到发展。"学习科学"的不断发展与完善，不仅推动了学习理论的进一步深入，对其后的学习的理解和教学实践也产生了深远的影响。

五、我国"学习"活动的发展

从词源发展来看，"学"与"习"这两个字较早是由孔子联系在一起的。《论语·学而》中记述道，"孔子曰：学而时习之，不亦乐乎"，这里的所谓"学"，其基本含义是获得知识、技能；这里所讲的"习"，其基本含义是巩固知识、技能。"学习"二字一同出现则是在《礼记·月令》中提到的"夏季之月，鹰乃学习"一句中，但这里的学习二字乃是两个单音词，不是一个复词，指的是小鸟反复学飞，习得行为。在此"学"是认识，"习"是实践，"学习"依然是"学"与"习"两个字的组合使用，包含着"学"和"习"的两层意思。现代意义上的"学习"一词可能是把"学"与"习"结合起来以对应英语"learning"而形成的组合词①。可见，"学"与"习"自古紧密相连又互有不同，二者的关系变迁可能揭示了中国传统学习活动发展的脉络。

（一）劳学一体：边"劳"边"学"

据考古发现，大约距今 180 万年前在中国大地上已经有了人类生存的足迹，先民们依靠集体的力量改造自然，开始繁衍和发展，创造出早期的人类文化。

随着人类社会不断地成熟与发展，人类开始有意识地制造和使用工具，并不断改进和发展以更好地应对自然环境的变化。人们根据性别、年龄结合并开展协作，这也是分工的开始。分工的出现不仅大大提高了人类应对自然的能力，也极大地推动了社会结构的变化发展。对于不同技能的学习多存在于实际劳作之中，通过模仿和不断实践，技能得以在种族内传播和延续，在此过程中，依托血亲关系的家学传播体系也在不断形成并完善。同时，在技艺传承和文化进步中，社会快速进步和发展。

---

① 燕国材. 中国教育心理思想史［M］. 山东：山东教育出版社，2003：98.

（二）家庭教育：子承父学

随着生产力的迅速发展，社会大分工进一步发展，农业、手工业和商业逐渐独立并成为专门的职业，特别是随着手工业与农业的不断分离，手工业内部的分工也不断细化，从周公所著《周礼》中可见，从天子以下的周官到万民，职业分工已经非常明确，职官分为六类，万民共分为九类职业。专业化职业的出现必然要求相应的职业技能，从而带动了相关技艺的传承，为了继承职业，通过"子承父学"形式进行的家学传播体系得到进一步发展。同时，在职官上亦是如此，到了周代后期，随着官职区分详细，能力上也各有要求，这些职官为了履行职责，必须学习所需专门技能，由于当时实行世袭职官制度，于是父传子学、子承父业的职官教育兴起，历史上称为"畴人世学"①。

（三）手工作坊的发展：学徒制产生

到秦汉时期，封建经济社会结构初步形成，社会的巨大变化促成了阶级分化，地主阶级、农民阶级、手工业劳动者等进一步固化形成不同的阶层。此时仅仅依靠家族内部的传授已经无法满足社会发展的要求，因而专门的学徒制度产生。春秋战国时期，民间手工学徒的劳动形式已经迅速发展，并成为技术传承的重要方式。

（四）官营手工业的发展：早期学堂出现

随着土地所有制逐渐向私有制转变，旧的生产关系逐渐被新的生产关系所取代，社会分工发生了剧烈变革。由于需要大量的工匠，这些工匠在官营手工业作坊里制作各种用品，为了保证技术传承的垄断性，官营手工业实行"艺徒制"。随着手工业的发展，特别是到了宋代，全国已经形成了庞大的官营手工业系统，为了高效训练艺徒，"法式"艺徒

---

① 路宝利．"畴人世学"及其"后传统"意蕴——中国古代技术职官教育个案研究 [J]．职教通讯，2019（1）：2．

培训得到推广，所谓"法式"就是在总结生产经验基础上编制出标准的制作技术规范，以方便规模化地培训和学习。由此，类似于早期职业教育的学堂和课程的教育形式开始出现。

（五）"士"阶层的崛起：职业官学的兴起

随着第四次社会大分工的产生，脑力劳动和体力劳动逐渐分离，如早期出现的专职的巫、卜、史等。春秋战国时期，各诸侯为了取得其在争霸中的胜利，对人才的争夺日益激烈，选贤用能的要求推动了官吏选任制度逐渐取代官吏世袭制度。官吏选任制度的实行推动了与此职业相关人员的社会性流动，由中国知识分子等群体组成的"士"阶层逐渐成形，与此对应的针对这个阶层群体的官学和私学也随之兴起。随着社会的发展，特别是到了秦汉时期，从"士"阶层发展起来的"吏"阶层开始成为中国封建社会特殊与重要的职业群体，他们承担着维护庞大官僚体系运作的使命。为了保证体系的高效运作，国家建立起一套培养"吏"的教育体制，称为学吏制度。秦就在官府设立了专门培养吏官的学室，成为培养行政官员而设立的具有职业教育性质的学校制度。

（六）古代"大学"制度确立：文教和传道的结合

到了汉代，随着经济社会的巨大发展，推动了官学与私学的进一步兴盛，尤其是"太学"的诞生，标志着我国古代的"大学"制度确立。为了保证教育的"正统"性，为人与为官之"道"成为教育的核心内容，如宋代朱熹将教育分为"小学"与"大学"两段，认为小学教育就是要"教以事"，到大学阶段再"教之以穷理、正心、修己、治人之道"，并指出："学之大小，固有不同，然其为道，则一而已"（《大学章句序》）。所谓"道"就是当时社会所要求的伦理纲常和行为准则，文教和传道成为教育的两大核心内容。

（七）知行合一的思想

作坊的兴盛推动了民间行业教育的发展。宋代民间工艺传授活动十分兴盛，已经出现了类似于欧洲的行会组织。据《梦华录》记载，宋代手工业不论生产物件大小，都设置了"团行"，各团有"行老"。团行之上设"库"，库有"行首"。民间手工作坊受"团行"和"库"的辖制，凡是作坊雇用工匠和学徒，都要经过行老和行首的同意。团行学徒制度作为手工业竞争的产物，标志着行会标准和规范逐渐完善，技艺传授经过社会交流更具有了传播的广泛性和统一性，为技艺文化的形成奠定了基础。受宋代朱学的"知行合一"的思想影响，对行业标准的遵守，对工匠专业精神的认可和传承，工匠从技艺上升到行业精神得到突破和发展，工匠精神由此得到固化与传承。

（八）学以致用：实业办学的兴起

到了清代，官府手工业"艺徒"制度完全衰落，技术传承主要依托行业会馆、工匠会馆模式。从历史进程看，清代初期，欧洲以英国为代表已经开始了工业革命，手工业时代的行会组织、学徒制等已经不适合大工业对人才的需要，亟须呼唤一种新的职教模式。洋务主义教育思潮是洋务运动时期一股重要的社会思潮，它不仅涉及面广，而且成效非常显著。中国现代意义上的新教育正是从洋务主义教育思潮中产生并发展起来的。在教育方面，洋务派主张兴"西学"，提倡"新教育"，培养洋务人才。他们本着"变器不变道"的原则，提出"中学为体，西学为用"的教育方针。学习西方的科学技术和军事知识以作国家发展之用。学生们须"各习一艺"，以效国家。特别是受到后来杜威（John Dewey）实用主义的影响，实业报国更是推动了学以致用的教育思想。

第二节　学习的概念发展

对于学习的关注和研究由来已久。从开始的哲学思辨方法到后来科学实践方法的被采用，关于学习的研究成果逐渐走向系统化和科学化，在此过程中也形成了关于学习内涵的不同解释。

一、关于学习的不同观点

（一）学习是刺激和反应的规范

1879 年，冯特在德国莱比锡大学设立了世界首家心理学研究所，将思辨推论方法与精确的实践方法相结合，建立了科学的心理学，并重点对认知现象进行了探索，人类对认知的研究由此进入了"科学"时代。这一阶段，学习作为认知领域中极其重要的内容，对其研究也得到了空前的发展，其中较为代表性的研究成果来自行为主义学派。在他们的观点中所有的学习问题都可以归纳为刺激和反应的规范①。

行为主义的理论观点较早来源于巴甫洛夫的实验。从 1903 年开始，巴甫洛夫一直致力于上等神经活动的研究。他发现了大脑皮层功能的规律，于是提出了"条件反射理论"，即当刺激 A 与另一种刺激 B 多次联结形成对应关系时，当刺激 A 单独出现时，它也能触发类似于刺激 B 的反应。在这种观点影响下学习被认为是人和动物对于刺激的直线反应。

大约到 20 世纪 30 年代，托尔曼等学者在优化和补充既有理论的基础上构建了新行为主义理论体系。根据该流派学者的观点，个体刺激和个体反应行为之间存在一个显著的中间变量，即个体状态，如认知情况和内在动机状况等。由此他们认为学习是个体受刺激时的生理和心理的反应，学习问题可以归纳为刺激和反应的规范。

（二）学习是处理信息的过程

信息加工理论者将心智与计算机类比，把学习模拟为针对处理信息

---

① 姚梅林. 从认知到情境：学习范式的变革［J］. 教育研究，2003（2）：60.

的物理符号运算系统。他们认为学习是个体按照一定规则而进行的处理信息的过程。学者约翰·安德森（John Anderson）进一步提出知识本质上是人对外部事物或信息的内在心理表征，他认为信息加工的过程同时是知识表征的形成过程。

表征是在人的心理活动中对事物或信息的记载形式，是外部事物或信息在人的内在心理活动中的重现，能够反映事物的基本状态。根据表征的特征不同，知识可划分为两种基本类型：第一种类型为程序性知识，第二种类型为陈述性知识。

在信息处理过程中，信息经感应器收集从环境进入加工系统，大脑根据信息来源的不同而采用不同的编码和存储方式，形成不同的心理表征，并表现为言语听觉、视觉形象、抽象概念等形式①。因此，学习就是一个信息处理的过程，在这个过程中，外部事物或者信息以内在心理表征的形式存在，并成为个体所掌握的知识。

（三）学习是意义的建构

到了 20 世纪 90 年代以后，建构主义学习理论成为一种被广泛认可的理论分支，其中的一些观点在很大程度上补充和完善了认知学习理论。斯滕伯格等代表性学者依托认知结构理论，提出个体主动性在认知结构中发挥着重要作用。他们认为个体仅仅通过教师的传授是难以获取知识的，而只有在某种社会文化的场景下，通过相互的协作才能获取知识，而这也是一个主动进行的意义建构的过程。在建构主义者的观点中，人的思想对环境的适应是需要情境性的，即个体必须在一定的社会环境中，在与外部世界的互动过程中，才能够形成新的理解和认识。具体而言，这个过程需要四大要素的协同，分别是情境设置、社会协作、

---

① 丁锦红，张钦，郭春彦. 认知心理学 [M]. 北京：中国人民大学出版社，2010：45，67-69.

共享及对话和意义建构，而意义建构是其中最重要的环节①。

　　意义建构同样是人本主义学者们关注的焦点。人本主义在 20 世纪 40 年代开始兴起，并成为重要的心理学理论。这种理论主张在心理学的研究中应该注重人的整体性，避免将人的"心理"人为地"肢解"为不同的部分。人本主义的代表性学者卡尔·兰森·罗杰斯（Carl Ranson Rogers）提出，认知和情感有机结合构成了个体的精神世界，两个部分互相关联，密不可分。根据他的观点，教育的目的在于培养"完整的人"，这个完整需要人的情感、精神、身体、心智等诸多方面的深度融合以及高度统一，而不是以上各方面的简单累加。要培养"完整的人"，就要要求教师必须唤醒学生的好奇心，让学生在好奇心的驱动下主动地吸收他感兴趣的知识，并基于内心的追求开展有意义的学习。所谓有意义的学习，不仅是知识增长的学习，还是个体基于自身发展需求，主动探索、自我突破、自我改善以及自我提升的过程②。通过有意义的学习，学生往往会伴随着在态度、行为，甚至个性上的显著变化。根据罗杰斯的观点，意义学习的达成需要以下四个方面的条件：一是精力集中，个体的认知和情感均聚焦当前的学习行动中；二是自主学习，个体的学习是基于内在的期望而开展的主动探索，这种探索旨在发现和构建行动的意义；三是综合发展，个体经过学习达到行为、态度和个性的综合、全面的发展；四是自我评定，个体将对自己的学习目标达成进行总结，形成自我评定，经过评定，个体对学习行为达成了意义的建构，并将这种体验纳入自身的经验系统中。

　　综上所述，在建构主义和人本主义学者的观点中学习是一个意义建构的过程，其旨在促进学习者成为全面发展的、完整的人。

---

①　皮连生. 教育心理学（第四版）［M］. 上海：上海教育出版社，2011：45-47.

②　叶浩生. 有关具身认知思潮的理论心理学思考［J］. 心理学报，2011（1）：592.

（四）学习是"学"与"习"的结合

我国古代没有"学习"一词。在《礼记·月令》中虽然有"鹰乃学习"的记载，但在此处的"学习"并不同于复词，而是"学"与"习"两个单词的组合，指的是小鸟反复学飞，习得行为①。

从字义上看，"学"字最初的读音为"jiao"，其本意是对孩子进行启蒙，以使之觉悟，可见，其最初表达为教导之意。经过发展，"学"字读音逐渐演变为"xue"，此时其意思为"接受教育""讨论""模仿"等含义②。《说文解字·习部》中对"习"这样解释，"习，数（shuò）飞也"。数飞，意为反复飞来飞去。《礼记·月令》中的"鹰乃学习"，指的是小鸟通过反复的模仿学飞，最终习得飞的技能。在这一论述中，"学"代表了一个认识的过程，而"习"则代表了一个实践的过程，认识和实践共同形成了"学习"的过程。换言之，学习包含着"学"和"习"两层意思。可见，在中国古代思想中，学习的含义就是"学"与"习"两部分含义的结合。

由于对于"学"与"习"关系的理解存在不同，中国古代学者们对学习内涵的解释也有所区别。南宋思想家陆九渊认为学习应该是先有"学"而后有"习"，在没有得到充分的知识前行动，往往会南辕北辙，渐行渐远。战国时期思想家荀子就主张学习应该是先"习"而后"学"。《荀子·儒效篇》中提道"不闻不若闻之，闻之不若见之，见之不若知之，知之不若行之。学至于行之而止矣"，可见，荀子十分重视"习"在学习中的作用。他将"学"与"习"的过程分为了闻、见、知、行的四个阶段，并且强调只有实现了"学"向"行"的转化后，学习活动才能算作结束。明代思想家朱熹则提出了"切己体察"，要求学习者在

---

① 燕国材. 中国教育心理思想史［M］. 山东：山东教育出版社，2003：57-58.
② 谷衍奎. 汉字源流字典［M］. 北京：语文出版社，2008：724-725.

学习的过程中都必须做到践行。如果学习脱离了践行，则知识便是空洞的、肤浅的，是经不起推敲的，只有建立在践行基础上的知识才具有内涵，学习者对知识的理解才会相应提升。明代思想家王阳明反对"学先习后"或者"学后习先"的思想，认为"学"可以指导"习"，而"习"是检验"学"真假的标准，进而提出"学习合一"的观点①。孔子亦主张"学习合一"的观点，并将"学"与"习"进一步拓展为"学""思"和"行"的过程，并提出学而不思则罔，思而不学则殆，学而时习之，不亦乐乎②。

综上所述，在中国传统观点中，无论是"学先习后、学后习先"，还是"学习合一"的观点，都将"学"与"习"作为两个部分加以理解和分析。这与当代对学习概念的理解并不相同。这一方面显示了中国传统观念中对于"习"的重视；另一方面也要求当代对于学习的理解更应将"学"与"习"有机结合，"学"然后"习"，以及"学"中有"习"。

二、本书对"学习"的定义

如前所述，因为时代背景和视角的不同，各种关于"学习"的观点不尽相同。各种观点又都从不同维度反映了"学习"的基本内涵和特征，这为我们更加全面地理解"学习"的内涵提供了条件。经过对以上各种观点的梳理，本书认为"学习"的内涵有以下几个核心点：

（一）学习是一种个体的行为

对于一个事物的研究，总得需要一个可讨论、可标记的对象。行为主义学者关于学习的研究使得学习研究成为一门"科学"。通过对学习

---

① 林维杰. 朱子与经典诠释 [M]. 上海：华东师范大学出版社，2012：131-163.
② 彭启福. 朱熹的知识论诠释学和陆九渊的实践论诠释学 [J]. 安徽师范大学学报（人文社会科学版），2008（3）：278-283.

行为的标记，学习被观察并记录下来，从而"呈现"到人们的眼前。学习是一种个体的行为，是人们对学习最直观的理解。

（二）学习的功能通过互动的过程得以实现

行为主义学习理论虽然在对学习的行为描述上贡献突出，但是由于其忽略了学习内在心理过程因而同时受到部分学者的质疑。信息加工理论者们纠正了这一不足，开始关注人的思维活动，并认为思维是学习的本质特征。建构主义思想发扬了认知主义中的建构思想，同时吸收了社会学理论的一些成果，认为"学习"不再是从教师到学生的传递过程，而是学生在环境互动中"主动"建构的过程。各种对"学习"的观点从个体外显的行为转向内在的心理，从个体单项的行动转向彼此之间的作用。由此，"学习"研究所关照的内容也从个体的行为本身拓展到包括个体与环境的整个系统。在这个系统的运行中互动起到了至关重要的作用。互动不仅存在个体之间，还存在个体和环境之间、"学"与"习"之间。在互动的过程中，"学习"得以发生，其功能得以实现，围绕"学习"而形成的包含了人与环境的整个关系得以建构。

（三）学习的内在价值在于促进个体的成长

随着对"学习"的各种关系以及环境的关注，大家探讨的焦点也从理论走向了现实世界，更多地将"学习"放置于学校、课堂、工作场所等情境下进行研究，"学习"由此变得更加"生活化"。带着"学习对个人所体现的价值为何"的追问，人们越来越关注学习给人的内在心理及情感带来的变化。许多学者强调学习是为了促进个体内在自由、尊严、责任等价值感的形成等。他们提倡学习者要开展内心学习，重视在学习过程中意义建构①。他们主张学习的意义不仅是学习带来的知识量的增加，更强调学习者通过在学习过程中而实现自身态度和行为

① 刘儒德. 学习心理学［M］. 北京：高等教育出版社，2010：122-127.

的转变，甚至使其个性向积极方向发生了变化。这些变化从根本上促进了个体生命的成长，并趋向于成为"完整的人"。

综合以上三点认识，"学习"是个体在与环境的交互中形成认知、意义建构的行为过程。"学习"是一个复杂的、多层次的概念，为了能更加直观地了解学习的内涵，可以将学习分为三个层面，分别是外围层、中间层和核心层（见图2-1）：

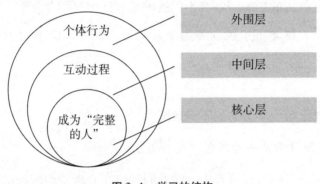

图 2-1　学习的结构

首先，学习的外围层是其行为层，即学习在最外层（可观察层）表现为个体的一种行为。通过学习行为的发生，个体形成认知，掌握本领。

其次，学习的中间层是其功能层。促使行为发生并达到目标需要一套支撑体系，这个体系就是学习的功能结构。通过这种功能结构，信息过程、意义建构等过程得以进行。

最后，学习的核心层是其价值层，这个层次的内容决定了学习的根本遵循和基本价值。从核心层看，学习是为了满足个体成长的内在需求，通过学习个体不断趋向于成为"完整的人"。

第三节　学生学习力的概念发展

学习力概念最初在组织管理学领域被提出，随后运用到多个学科领域。不同学科视域下学者们对学习力的解释不尽相同，它们都受到不同学科的研究范式的影响而各有不同的侧重点，但又相互借鉴。在教育学领域，学习力概念主要被理解为个人学习力，并以学生为主要研究对象，形成学生学习力的概念。

一、对于学生学习力的不同理解

（一）学习力是一种内在"生长力"

在认知主义的研究范式中，学者们从内在心理结构的角度去探索学习的规律，提出了学习力是一种内在的生长"力"，并认为这种"力"表现为一种能量或者品性。[①]

根据"学习力能量观"的理论，学习力客观存在于个体的身心中，并和个体学习状态息息相关，其本质上就是一种生命能量。代表性的观点包括了"学习力双链互动能量"的观点等。英国学者屈柯于 2002 年提出的"学习双链条结构理论"认为学习行为呈现为双链条的结构，一条链条是学习者的学习意愿，包括了对学习的动机、态度、意向等；另一条链条反映了学习需要达到的目标，包括学习的知识和技能等内容。两条链条相互交织、互相促进，共同推进学习行动的进行。英国学者瑞克（R. D. Crick）在"学习双链条结构理论"基础上进一步指出，

[①]　陈琦，张建伟. 建构主义学习观要义评析［J］. 华东师范大学学报（教育科学版），1981（1）：62.

学习者学习意愿和学习目标双链条相互作用形成一种推动学习行为的能量，该能量便可以被称为"学习力"。持"学习力能量观"的学者认为学习有效性与否和学习力高低息息相关，个体学习力越强，则其学习有效性也会更加明显。我国沈书生等学者在调查研究的基础上指出，个体终身学习的进行需要学习力为学习者提供持续不断的学习能量，是学习者能够开展终身学习的基础，为持续学习提供能量是学习力的价值所在。在学习力的培养过程中，要立足既有资源，结合环境优势，提升学习者学习行为意向，进而激发学习者学习能量[1]。

"学习力品性观"认为学习力是个体在学习活动中体现出来的一种心理品质，这种品质使得学习者更有效开展学习，因而在学习活动中起到至关重要的作用。如英国学者在开展 ELLI（ELLI：effective lifelong learning inventory）项目研究基础上提出学习力是在意向、价值、态度、社会关系等多因素相互交融中逐渐形成的，能够影响个体学习行为的内在属性。我国学者谷力等认为学习活动可以使个体在一定时期内产生诸如信息量的增加、认知观念的改变，以及学习能力的改进等，这些变化最终促使个体关于学习的心理品性形成，这种心理品性就是"学习力"。同时，学习力是在学习活动中产生和发展出来的结果，同时是推动今后学习活动顺利开展的条件[2]。

（二）学习力是外在的"能力体系"

与侧重于内在心理分析不同，部分学者从外显的行为入手开展研究，提出"学习力"是一种能力体系。持此类观点的学者认为，身处知识经济时代，文盲的标准早已不再是所谓掌握知识的多少，而是是否

---

[1] 沈书生，杨欢.构建学习力：教育技术实践新视角［J］.中国电化教育，2009（6）：14.

[2] 谷力.学习力——个体与环境相互作用的产物［J］.上海教育研究，2009（7）：66.

掌握了学习的能力，这种能力就是学习力。对于这种能力的具体内容，不同学者的理解各有不同。英国学者盖伊·克莱斯顿（Guy Claxton）认为"学习力"包含了四种能力，分别是策应力、顺应力、互惠力和反省力。我国学者吴也显、刁培尊等提出"学习力"主要包含了两个方面的能力：一是应对外在学习活动的认知能力；二是协调学习内在心理过程的情感的能力。我国学者瞿静提出学习力是以促进学习效果达成为目标，在实践、反思、体验等活动中表现出来的，能够促进学习效果达成的综合能力①。

（三）学习力是一种结构体

在对"学习力"的研究中，部分学者将焦点放到学习力的结构和要素上，形成了学习力是一种结构体的观点。如英国 ELLI 项目的研究团队在"构建学生学习力"思想基础上，进一步提出学习力是一个包含了"七个要素"的结构体。我国学者裴娣娜团队通过研究提出，学习力就是一种生长力，包括了学习能量和学习活力。团队还探索建立了学习力层次结构模型，从"三个层次"对学生学习力结构进行划分。首先是个体的基本素质层，基本素质涵盖了三个基本要求，第一为知识和经验方面的要求，第二为策略和反思方面的要求，第三为意志和进取方面的要求；其次是实现路径层，实现路径包括了两个基本路径，第一为通过实践活动而实现的基本路径，第二为通过协同和合作而实现的基本路径；最后是目标层，目标层强调通过批判和创新来实现个体发展的最终追求②。以上观点中将学习力按结构进行细分，进一步推动了学习力的量化研究。

---

① 瞿静. 论学习力理念从管理学向教育学领域的迁移［J］. 教育与职业，2008（3）：64–65.
② 裴娣娜. 学习力：诠释学生学习与发展的新视野［J］. 课程·教材·教法，2016（7）：4.

（四）学习力是一种学习状态的表现

部分学者在情境主义思想的基础上，提出了学习力是个体在与环境互动中生成并体现其学习状态。如克莱斯顿等学者认为学习力是一个复杂的概念，其综合表现了个体的价值观、态度、性格和生活经历等状况，并直接影响着个体对新知识的接受情况。贺武华等学者提出，学习的过程并非简单的掌握知识的过程，而是感知生命意义的过程，是内在尺度和外在尺度深度融合的产物，充分反映了个体对真理的持续追求。对学习者而言，学习力是促使其不断学习的综合力量，综合表现了学习者作为独特的生命个体的学习状态①。

二、本书中学生学习力的定义

学习力概念从组织管理学领域被学者引入教育学领域，并成为其中极其重要的概念。这一方面呼应了教育与经济发展相适应的时代要求，另一方面说明学习力概念的发展是学科经验相互借鉴的结果。在汲取部分已有观点基础上，本书形成如下观点：

首先，学习力是一种促进学习达成目标的力量，其包含了"学习"与"力"。"力"原是物理学概念，后借用到管理学领域，表示为实现某项目标的"效"。虽然"学习力"最早的提出主要针对组织学习力，但其关键点在于作用"力"的表达，即推动组织或组织内个体有效地开展学习行动，表现为一种推动力。本书中将"学习力"定义为个体学习力，是某种对个体"学习"的促进"力"，是推动学习行为接近或达到学习目标的效能表现。

其次，学习力是一个包含多种要素的功能结构体。这些要素包括个

---

① 贺武华."以学习者为中心"理念下的大学生学习力培养［J］.教育研究，2013（3）：107-108.

体的价值观、性格、生活经历、社会关系等多个方面。要素间相互作用，形成不同的结构，并促使学习功能有效发挥。

最后，学习力亦是一种生命能量，是驱动个体采取学习行为的重要因素。学习力的产生或发展是两个方面相互作用的结果：一方面是学习者的学习意愿，包括了对学习的动机、态度、意向等；另一方面是学习的能力，包括学习的知识和技能等内容。学习力是个体在成长中逐渐产生或发展而来的，并直接影响着个体今后的生长，因此也可称为"生长力"。

综上所述，本书将"学习力"概念做出如下界定：所谓"学习力"，是指个体具有的能够促进其顺利开展有效学习，进而促进其实现自身成长和适应环境变化的某种能量，是学习意愿和学习能力相互作用而构成的综合体。

"学习力"是依存于"学习"而存在的，类似于"学习"，"学习力"的概念同样包含了三个层面的含义（见图2-2）：

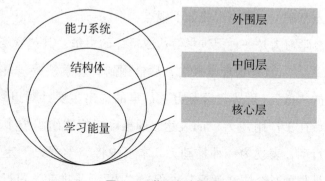

图2-2 学习力结构图

首先，从外围层看，学习力是学习意愿和能力分解而成的具体要素，主要表现为能力体系。

其次，从中间层看，学习力是一个由学习力要素组合而成的结构体。不同组合方式产生不同的结构类型，由此促使不同学习功能的实现。

最后，从核心层看，学习力体现为意愿和能力相互作用而产生的一种能量（生长力）。这种能量为学习行为的进行和人的成长提供最基本的动力来源。

三、学生学习力的生成

学习力是在学习的过程中生成的，脱离了学习，学习力就失去了载体和基础。同样，学生的学习力依存于学生的学习过程。

（一）学生的学习及其特点

高校是指实施高等教育的相关学校和学院。本书中学生指的是高校的在校学生。学生的学习是指学生在教育环境互动中形成认知和意义建构进而促进个体成长的行为过程。学生的学习有其自身的特点：

1. 职业性特点

高校教育，尤其是高职教育的核心目标是培养高素质的职业人，职业性是其关键特点。

首先，学生的学习强调面向职业。职业教育在狭义层面上指的是学校以职业需求为导向，通过有针对性的计划和组织相关教学活动，提升学生的专业知识、业务能力以及综合素质，并培育学生对于特定职业的基本态度的教育行为集合①。通过职业教育，可培养学生对于特定职业的态度，同时提升其对特定职业的适应能力②。因而，学生的学习就是通过学校教育，获取从事某种特定职业所需的专业知识、业务技能以及综合素质，从而满足职业需求。与其他教育类型不同，职业教育中的学

---

① 姜大源. 德国职业教育学习领域的课程方案研究［J］. 中国职业技术教育，2007 （1）：47.

② 刘春生，徐长发. 职业教育学［M］. 北京：教育科学出版社，2002：34.

习是以职业为基本导向的。

其次，学生学习的根本目标在于促进自己作为职业人的生成。学习的本质追寻在于满足学习者自身成长的需求，就学生而言，所谓学习者自身的成长，就是成为德才兼备且具有市场竞争优势，在职业生涯中实现社会价值和自我价值相统一的职业人，这也是职业教育的最基本目标。

2. 实践性特点

学生的学习是学习者个体与教育环境的交互过程。因为高职教育的职业导向性，个体与环境的交互过程必然需要突出对实践的要求。

首先，学生的学习在学习者与周围环境的互动中本身就是一个实践的过程。在这个过程中，个体在自身原有经验及知识体系基础上对外部信息进行整理和同化，外部知识与原有经验合而为一，重新整合为个体的经验体系。

其次，实践能力是学生应该具备的核心能力。相对于普通的高等教育，职业教育更加强调实践能力，个体只有掌握必要的技术技能才能顺利完成职业中的工作要求。高技术技能型人才的培养是社会发展对高职教育提出的要求，这更加凸显了实践能力对职业教育的重要性，只有将理论最终通过实践运用于实际工作场景中，技术与技能才能得到培养，促进学生成长的目标才能实现①。

（二）学生学习力的生成

学生学习力是指高校学生具有的促进其有效学习能够顺利开展，进而促进其实现自身成长和适应职业发展的某种能量，是学习意愿和学习能力相互作用而成的综合体。学生学习力是学生在学习的过程中生成和

① 张丽英. 高职院校学生自主学习能力培养研究 [J]. 中国职业技术教育，2014（8）：66.

发展的。生成是指生长和建构，学习力的生成是指学习力在学习过程中生长和构建起来的。脱离了学习的过程，学习力将无从谈起①。

首先，学习力本质上是一个生命能量，它贯穿于个体学习的整个过程，并对个体学习状态产生深远且重要的影响。这种生命能量的产生是由学习者内部学习意愿和学习能力两个链条互相交织、互相促进而形成的，它在学习过程中产生并反过来促进学习行为的进一步发展。

其次，个体知识增长的过程并非被动式的接受过程，而是个体在与环境的互动中知识结构不断更新的过程。学习力作为个体有效学习能够顺利开展的促进力，亦随着学习的发展过程而产生动态变化，相互依托。

由于学生学习力在学习过程中生成和发展，二者相互作用，因此学生学习力同样具有了职业性和实践性的特点。

小　结

关于知识来源，感性主义和理性主义的争论逐步被综合观点所取代，围绕人与外界的关系，学者们越来越认同知识来源于经验和理性的综合，不仅如此，人在认知过程中不仅是理解，更是在主动的实践中追求"人"的意义，这为本书提供了理论上的价值基础，即学习是一个内外结合的过程，在关注知识、技能的学习之外，更要注重"人"本身的意义，注重人的主动性的发挥。

学习一直是认知领域重要话题，而认知理论的发展一样在哲学思维的指引下，逐渐走向心理学的专门研究，其总体上经历了从结构性到整

---

① 李晓华.新时期高职院校学生学习特点与对策研究［J］.职业教育研究，2013
（4）：37-38.

体功能性，从认知走向人本，更加注重探寻"人"的自由的过程。认知活动实质是一个人与外界的互动的过程，在这个过程中，通过符号化的信息，人在主动性地建构自己的知识体系。

从中国学习活动的发展历程看，一方面，学习与劳动天生关系紧密，手工业发展，职业技术教育发展成熟，工学结合占据主要形态。另一方面，在中国的学习活动中实用性的特点更为明显，学有所用、学以致用的实用主义思想在学习活动中影响深刻。同时，讲求"内外双修""知行合一""身心合一"等思想，促进了技术理性思维的发展。相较于西方"思辨性"科学思维的发生，我国"实践性"的发展特色更为突出，"学以致用"的实用主义和"工学结合"的技术性也许就是我国学习活动发展的独特之处。

综合以上分析，我们基本可以得到以下三个核心内容：

一是关于知识的来源争论为我们勾画了哲学基础，即围绕人与外界的关系，知识来源于经验和理性的综合，人在认知过程中不仅在于理解世界，还要在主动的实践中追求"人"的意义。因此，马克思关于人的"自由"的追求为本研究学习理论建构奠定了价值基础。

二是认知科学发展脉络描述了学习行为的一般规律，向我们揭示了认知活动实质上是一个人与外界的互动的过程，在这个过程中，通过符号化的信息，人在主动性地建构自己的知识体系。基于此，信息加工理论和建构主义为学习行为分析提供了有效的理论支撑。

三是学习活动在中国社会分化中的发展过程一定程度上展示了我国的实际，即"学以致用"的实用主义和"工学结合"的技术性可能是我国学习在为社会活动不断发展中形成的独特之处。

以上内容作为本研究的基本理论背景，也将为"学习"及"学习力"概念界定奠定了基础。本书认为"学习"是个体在与环境的交互中形成认知、意义建构的行为过程，它是一个复杂的多维概念。首先，从外围层看，学习表现为个体的行为，通过学习，个体形成认知，掌握本领；其次，从中间层看，学习功能的实现在于其作为一个复杂系统的内在运行，如对信息的处理过程、意义的建构过程等；最后，从核心层看，学习是为了满足个体成长的内在需求，通过学习个体不断成长为"完整的人"。

"学习力"是个体为实现自身成长和适应环境变化、促进有效学习能够顺利进行的能量，是学习意愿和学习能力相互作用而形成的综合体，它依存于学习而存在，因此，"学习力"的概念同样包含了三个层面的含义。首先，从外围层看，学习力是学习意愿和能力具体的分解要素，主要表现为能力体系；其次，从中间层看，学习力是一个意愿和能力构成的结构体；最后，从核心层看，学习力体现为意愿和能力相互作用而产生的一种能量（生长力）。

学生学习力是指高校学生具有的促进其有效学习能够顺利开展，进而促进其实现自身成长和适应职业发展的某种能量，是学习意愿和学习能力相互作用而形成的综合体。学生学习力是在学生学习过程中生成和发展的。

第三章　学生学习力的理论模型构建

　　模型是在经验基础上提出的一种抽象结构形式，构建模型的目的在于使经验系统化。模型有各种分类，功能模型和机械模型是其中较为常见的两种模型。功能模型建立的基础在于将某个经验看成是为达成某项目标的一系列流程和方法的组合，而将这些流程和方法加以归纳就能够得出具有类似功能的模型；机械模型建立的基础则是将某个经验看成是具有一定结构的多种元素的组合①，将经验建立机械模型能够实现对其结构化呈现的目的。

　　本书将综合功能模型和机械模型的特点建立学生学习力理论模型。依据学生学习力的定义，本书将参考"素质洋葱模型"三层次的结构划分方法，在因子分析基础上对学生学习力理论模型进行构建。

第一节　主要理论依据

　　根据理论模型构建三层次框架设想，本书分别按核心层、中间层和外围层三个层次对学生学习力进行梳理。其中核心层主要关注学生学习

---

① 金炳华，等.哲学大辞典（修订本）［M］.上海：上海辞书出版社，2001：647.

力的内在价值，中间层主要关注学生学习力的结构特征，外围层主要关注学习学习力的要素构成。基于此，本书中构建的学生学习力理论模型的三个层次可具体表达为价值层、结构层和要素层。以下将从这三个方面对相关理论的要点进行梳理，为学习力理论模型建立提供理论支持。

一、价值层

（一）马克思关于"人的全面发展"学说

马克思关于"人的全面发展"学说是马克思主义"人的发展理论"的重要内容，是我国确定教育目的的理论基础，也是我们构建学生学习力理论模型的主要理论依据。[①]

1. 人的全面发展的内涵

马克思在批判资本主义社会人的"畸形发展"的片面性、工具性和有限性的基础上，阐明了"人的全面发展"的具体内涵，即全面、自由、充分、和谐发展。具体而言，马克思所谓的全面发展主要是指人的各种需要、素质、能力、活动和关系的整体发展，包括物质和精神方面的全面性，其核心是人的能力的全面发展。所谓自由发展，是把人作为目的的发展。充分发展是指发展的程度问题。在资本主义条件下，人的发展是有限度的，仅仅停留在充当机器的附件、生产的手段的范围之内。而在共产主义社会，人的一切天赋才能得到充分发展，体力和智力得到自由而充分的发展。所谓和谐发展，是指人与人、人与社会、人与他人以及包括个人自身在内各方面的关系的协调和优化。[②]

2. 人的全面发展的落脚点

在马克思看来，人的全面发展应当是自由的，马克思称为"每个

[①] 扈中平."人的全面发展"内涵新析［J］.教育研究，2005（5）：6-8.

[②] 张淑明.马克思关于人的全面发展学说及其教育意义［J］.理论月刊，2007（7）：14-16.

人的自由而全面的发展",是人的"自由个性"的全面发展,人的全部才能的"自由发展",即每一位个体的需求得到充分的尊重,个性得到充分的张扬①。

马克思提出,在人类追求自己目的的历史活动中,人类自身的存在表现为三大历史形态,分别是与自然经济形态相适应的"人的依赖关系"、与市场经济形态相适应的"以物的依赖性为基础的人的独立性"和"建立在个人全面发展和他们共同的社会生产能力成为他们的社会财富这一基础上的自由个性"②。

马克思关于"人的全面发展"学说所蕴含的"解放的旨趣"一再地提示人们,人类的当代使命绝不仅仅是使人的独立性奠基于"对物的依赖性",还必须使人从"对物的依赖性"中解放出来,把"物"的独立性真正地变成"人"的独立性,即人自身的全面发展③。同时,由于个性本身就是多层次、多侧面的,是整个精神面貌,因而个性发展含有全面发展的意思。因此,个性发展意味着全面与独具的综合、共性与个性的统一。个性发展既包含了"个人独具的心理特征"的发展,又包含了"整个精神面貌"的发展。也可以说,全面发展的落脚点是促进人的"个性"的"自由"发展。④

3. 人的全面发展的路径

马克思指出,生产劳动同智育和体育相结合不仅是提高社会生产的一种方法,而且是造就全面发展的人的唯一方法⑤。这里的"劳教结

---

① 吴德刚. 关于马克思主义人的全面发展学说的再认识 [J]. 教育研究, 2008 (4): 5.

② 马克思恩格斯全集 (第46卷) [M]. 北京: 人民出版社, 1974: 102-104.

③ 孙正聿. 人的解放的旨趣、历程和尺度——关于马克思人的全面发展学说的思考 [J]. 学术月刊, 2002 (1): 7-8.

④ 张楚廷. 全面发展实质即个性发展——重温马克思全面发展学说的启示 [J]. 北京大学教育评论, 2004 (4): 72-73.

⑤ 马克思恩格斯全集 (第23卷) [M]. 北京: 人民出版社, 1974: 530.

合"有两层含义：一是教育与生产劳动相结合，即教育过程中受教育者在宏观意义上对一般生产、生活技术、技能的学习和把握，并与特定课程体系有机结合。二是生产劳动与教育相结合，通常是指生产劳动部门组织特定专业知识的教育以利于提高职工素质和劳动生产率，如工厂办学校、开展职工培训班等。在这里，马克思突出了人的发展的技能问题、实践问题。也就是说一个不断发展的人是在"劳教结合"中得到整合的，劳教结合的水平反映出一个人的发展层次。①

教育与生产劳动相结合，体现了教育发展与生产发展的相互促进作用，是理论与实践结合的必由之路，也是全面实现脑力劳动与体力劳动的内在有机联系的基本途径，因此成为贯穿培养全面发展的人的全过程的指导思想。在现代社会中，生产、科技、教育在本质上是紧密相连的。在实施教育的过程中，通过传授生产劳动所需要的科学技术知识，方能培养适应现代化生产需要的劳动者。这一教育与生产劳动相结合的过程，既能促进生产力的发展，又能适应社会进步对人的发展要求，因而成为世界教育的一种趋势，并受到各国的普遍重视。很多国家都把生产劳动纳入教学计划，使之成为整个教育体系中的重要环节，或将加强生产劳动教育作为学校同生活联系的纽带，探索"合作教育"等实现形式，以培养适应现代生产的劳动者。实现教育与生产劳动相结合的重要意义之一就是有利于个性发展②。

(二) 主体性教育思想

20 世纪 80 年代初，于光远等学者就教育主体的问题进行了广泛探讨，并引发了整个教育领域对教育主体理论的研究，这极大地推动了教育思想的研究进程，为我国教育深化改革奠定了基础。在探讨中，主体

---

① 张淑明. 马克思关于人的全面发展学说及其教育意义 [J]. 理论月刊, 2007 (7)：14-16.
② 森林. 马克思人的全面发展学说浅析 [J]. 教育研究, 2000 (3)：10.

教育理论逐渐发展并引起广泛关注。根据主体教育的理论观点，人是教育过程中的主体，教育必须发挥人的主体性才能实现其目标。

1. 以"人"为本是主体性教育的出发点

主体教育强调以人为本的基本原则，反映了教育对于社会结构变化和转型的积极响应。特别是在"文革"刚刚结束的 20 世纪 80 年代，主体教育理念在很大程度上纠正了极"左"思潮的蔓延，对于当时的教育环境具有拨乱反正的效果。实践表明，只有主体性得到发挥，才能提升人做出学习决策以及行为的意向，激发个体潜力，促成教育目标的达成。主体性教育在很大程度上修正了传统教育中学生的客体性的问题，即在传统教育过程中，教育者往往未重视学生作为"人"的价值所在，仅仅将学习者作为知识的接收器。在主体性教育中，学习者不再是知识的简单接受者，而是一个独立的主体，存在不同层次的学习需求，学习主体通过满足自身的学习需求而实现全面发展。随着教育主体性理论的日趋完善，人的主体性在教育过程中的地位进一步提升，人的主体价值也得到高度重视，这使得如何协调学生个性和社会性的问题成为学者们普遍关注的重点。对教育本身而言，教育主体性理论有利于扩展和丰富教育主体性的价值内涵，并在很大程度上反映教育活动的本质特征。换言之，教育的本体功能便在于培养人，只有培养出全面发展的人，才能实现其根本价值。

2. 协商对话是主体性教育的关键点

教学实践活动可以被认为是一种社会交往活动，因此教学过程亦是一个师生交往的过程①。交往就需要理解，理解是在对等基础上的互相认知的过程，它不是理解者对对方的"客观"认识，而是双方基于共同价值的有意义的"沟通"，是"我的"视界与"他的"视界的"融

---

① 冯建军. 论教学过程是交往实践过程［J］. 江西教育科研, 2005 (6): 4-5.

合"，进而生成新的视界的过程。因此，教育不是一方对另一方的改造或形塑，而是以课程为纽带的教与学的平等对话。通过对话，教与学不是两个过程，而是一个过程的两个面，学生的学是教的出发点，教是学实现的方式和途径，教师和学生都是教学过程中的行为主体，教师与学生通过观念分享、相互启发进而实现共同提升。在这个进程中二者互为条件，相互作用，共同构成"你—我"型师生关系。在此关系中，师生之间通过对话与沟通，其目的不限于"客观的"知识传递，而更在乎通过探讨和启发促使学生更好地实现"智慧地""意义地"的生活①。

3. 相互成全是主体性教育的落脚点

自我和他者的关系处理是主体性教育的关键所在，教学交往不管是主体性的，或者是主体间性的，都必须解决自我和他者之间的相关性，基于相互成全的态度，是双方走向统一的有效方式。

依托信息互通可以实现主体间性教学交往的互相理解，从而促使交往参与者在理念上的深度结合。一般而言，不同主体之间在交往中一般需要依托信息沟通，达到相互理解。这种理解往往需要实现他者向自我还原，进而促使两者保持一致性。在教师和学生的教学交往方面，如果学生被定位为他者，则教师是对学生客体成长负有责任的主体。对教师主体而言，要履行这种责任就需要将学生的意愿、想法等进行自我还原，进而形成自我的判断，引导下一步的行动②。教师的自我还原过程虽然能够促进共识的达成，但也难免因为带入"我"的主观判断，从而使学生的想法未被完全理解甚至替代。要凸显学生的主体性，教师需要摆脱传统自我定位的局限性，在"他者"的视角下分析问题，明确

---

① 冯建军. 主体教育理论：从主体性到主体间性 [J]. 华中师范大学学报（人文社会科学版），2006（1）：116-117.
② 刘要悟，柴楠. 从主体性、主体间性到他者性——教学交往的范式转型 [J]. 教育研究，2015（2）：106.

问题之所在，根据对方的实际出发，满足对方的需求并促进对方的发展。在这种责任关系中，双方的互相负责不再是理所当然的关系，"我为你负责"将取代"你向我看齐"，双方都基于他者的角度，在充分理解基础上，不再要求将对方的想法进行自我还原，反而体现出一种相互成全的关系。在这种关系下，教师因为自身的付出而收获感恩，其在教育中的价值得到充分认可。学生通过配合教师而实现全面发展，个性得到张扬，潜力也被有效挖掘。在相互成全背景下，师生关系超脱了你我之间的关系，学习成为共同成长的要求，教师因起到积极帮助的作用而与学生结合在一起，在成全学生过程中成全了自身的价值。可以说，教师的最大价值就在于指导并帮助了学生实现全面发展。

二、结构层

（一）信息加工理论

信息加工理论是认知学科中重要的理论之一，它从功能上将"人"看成与计算机一样具有符号操作功能的系统。该理论借用计算机的运行原理来解释人的学习和记忆活动，认为人的学习和记忆的过程可以看作大脑对信息的处理过程，包括筛选信息、加工信息和反馈信息等过程。

1. 关于信息加工系统的结构

理查德·梅耶（Richard Mayer）是信息加工理论的代表学者，根据他的观点，认知本质上是信息加工的过程，三个系统支持了这个过程的顺利完成：一是期待系统，其作用是通过调节动机系统对信息加工过程产生影响，起到激励和情感效能的作用，为个体的认知行为提供驱动力；二是信息加工系统，是实现信息加工功能的主体环节，个体通过信息加工系统将信息内化成自我认知；三是控制系统，虽然这个系统并不直接关联具体的操作，但却能够对信息加工系统起到调节作用。

2. 信息加工的过程

认知是一个信息加工的过程，相关功能主要由信息加工系统完成。信息经感应器收集从环境进入加工系统，大脑根据信息源的特征确定与之相匹配的存储以及编码方式，并进行感觉登记。经由登记的信息表现为各种形式，如言语听觉、视觉形象、抽象概念等①。上述数据通过短时记忆的形式并通过语义储存内容，再经由深入加工形成长期记忆。短时记忆能够被个体察觉，并会随着时间逐渐消退。长期记忆的形成必须建立在短时记忆基础之上，并且长期记忆需要依托不断的信息更新而得到保持和强化。信息更新也是个体认知向环境反应的过程。经存储的记忆信息（包含了形象、概念等形式）经由反应发生器转化为行为指令，再经由反应器作用于环境。信息在环境中得到检验，进而再次经由感觉器进入信息加工系统，这是一个反复的迭代过程。个体在这个过程中实现个体与环境的交互，进而不断进行认知更新或强化。短时记忆也在此更新或强化中升级为长期记忆。在此过程中，知识作为一种个体对外界事物的内在心理表征，其亦在不断地更新和完善中。表征是在人的心理活动中对事物或信息的记载形式，是外部事物或信息在人内在心理活动中的重现，能够反映事物的基本状态，表征也是心理活动进一步加工的对象。因此，信息加工的过程也是知识表征的形成过程。

（二）建构主义思想

根据建构主义理论者的观点，个体往往在具体情境下和环境的匹配中实现思想，又在已有的知识和经验之上，形成新的理解和认识。并且这一过程也是个体意义生成的过程。强调情境设置、社会协作、共享及对话、意义建构是其中的关键环节②。

---

① 丁锦红，张钦，郭春彦. 认知心理学［M］. 北京：中国人民大学出版社，2010：45，67-69.
② 皮连生. 教育心理学（第四版）［M］. 上海：上海教育出版社，2011：45-47.

1. 情境设置

围绕学习活动将产生一系列的联结与关系，这些联结与关系就构成了学习的情境。脱离情境的学习是孤立的，只有在情境中学习的背景、内涵和关系等才能得以全面显现。因此，教师在设计教学方案的过程中必须高度重视情境的设置，将课程目标与情境设置有机结合，一方面要分解课程目标，确保目标的具体性和完整性；另一方面要营造和学习目标相匹配的情境，为学生的意义建构提供良好的条件。

2. 社会协作

学习可以说是一个社会性的活动，社会协作存在学习活动的各个环节，它不仅有利于学生更有效地获取相关资料，而且通过协作，更能够促进学生提出问题并自主解决问题。同时，社会协作是个体相互学习的重要方式。因此，学习的过程离不开社会协作和互动。

3. 共享和对话

学习任务以及学习目标的实现离不开不同组织成员之间的协同合作，不同个体在协作过程中往往需要通过信息共享和对话得以实现。并且每个学习者的成果都需要通过会话在整个学习群体中分享，通过分享，大家达成共识，并为意义建构奠定基础。

4. 意义建构

建构本身是一个长期的、综合性的互动过程，这个过程涉及多个维度的互动，如不同学习者之间的互动，学习者和教学者的互动，以及学习者和学习情境的互动。意义建构强调在掌握事物内在属性、互相关系以及发展规律的同时，在整个层面上形成对事物的正确理解，并从中找寻与自身价值的连接点，进而实现意义的升华。意义建构是学习过程中的最重要环节。

（三）丹尼尔·卡尼曼关于大脑两种思维的观点

1. 大脑中的"两种思维"

根据丹尼尔·卡尼曼（Daniel Kahneman）的研究理论，大脑中存在着两种不同的思维方式，可以用思维 1 和思维 2 表示。思维 1 也称为快思考，思维 2 称为慢思考。快思考是一种自动运行的思维模式，它会根据生活的习惯或者经验产生出下意识的反应模式，使得生活处理得以简化。如对于每天都需要应对的穿衣服、扣扣子、打开门、拧开盖子等习以为常的行为，大脑会自动采取相应的处理模式，不需要人们过多思考，从而实现个体脑力耗损的有效降低。然而对于复合型独立话题或者复杂程度较高的问题，快思考则往往无法发挥作用，在此时，大脑启动思维 2 对此类问题进行处理。

大脑在进入思维 2 状态时，会将关注点集中在思维 1 无法解决的问题上，并开启显意识状态。在对相关问题进行处理的过程中，注意力会处于高度集中的状态。一般而言，人的注意力是思维过程中宝贵的资源，大脑往往会将它们优先安排在当前遇到的难题上。思维 2 的运行往往需要消耗大量的注意力，因而思维 2 往往是在遇到较为困难的事情时才会启动。思维 1 运行简单，通过思维 1 往往更加简单和迅速。思维 2 十分谨慎且具有推理能力，通过思维 2 运作得出的结论往往更可靠。

2. 思维 1 和思维 2 的协作

思维 1 在熟悉的情境中能够迅速处理出现的各类任务，所采用的应对模式往往是具体的、稳定的，其优势在于简化思维过程，并能够同时处理大量事务。但是由于这种方式往往基于"刺激—响应"的模式，因此容易出现基于经验而变通不足的问题。并且这种方式对于复杂问题往往无法实现有效判断。日常生活中，人们就常常出现依赖思维 1 的直觉反应做出决策，而不是依靠思维 2 的理性分析，从而引发基于经验依赖的决策偏颇的问题①。思维 2 能够基于显性思维进行问题分析，其分析过程往往能够被个体察觉，因而容易被及时纠正，其分析结果往往较为可靠。但是由于其需要个体集中注意力，开展较为系统的思考，因此也存在处理事务效率较低的问题。由此，两种思维所体现出的功能并不相同，各有所长，只有二者有效协同，思维功能才能被最大化发挥。

三、要素层

（一）因子分析方法

因子分析是一种常见的数据分析技术，旨在探究不同变量之间的相互关系。因子分析有两个关键问题：一是确定相关变量；二是构建共同因子。构建共同因子是因子分析的核心问题，其通过对数据进行统计学分析，探究数据潜在的逻辑结构，进而实现降维并形成共同因子。结合本书学习力理论模型构建情况，因子分析可以分为以下几个基本步骤：

1. 关键要素筛选

首先通过文献梳理，整理已有研究成果中关于学习力的基本结构和所包含要素，并以此为基础设置学生学习力关键要素筛选表。借助关键要素筛选表，面向一线教师和学生开展调查，再经过专家打分排序，最终确定关键因子。文献梳理保证了要素筛选的全面性，面向一线教师和学生的调查与专家意见征集能够贴近实际，同时对理论梳理进行实践检验，从而保障了关键要素筛选的客观性。

2. 问卷设计

问卷设计是因子提取的关键，其为准确收集学生学习力数据奠定基础。根据问卷设计流程，完成大学生学习力问卷设计工作需要经过题目

---

① 卡尼曼. 思考，快与慢［M］. 胡晓姣，李爱民，何梦莹，译. 北京：中信出版社，2012：78.

设计、预测、检验、形成问卷等步骤。

3. 因子提取

利用 SPSS15.0 软件可完成对相关数据的因子分析，根据数据分析结果可进行公共因子提取。对于因子提取的结果还需要结合已有理论进行比对验证，以保证结果的准确性和适配性。

4. 因子命名

结合学习力相关理论基础，根据各变量情况对公共因子进行命名，因子命名既要有代表性，又能够较为全面地反映因子内变量的总体情况。

（二）学习力关键要素

学者们对学习力要素构成开展了大量研究，并形成了要素论、过程论、过程要素论等理论观点，为本书梳理学生学习力要素奠定了很好的基础。

1. 学习力要素论

学习力要素论认为学习力是一个相对稳定的、静态的结构，由若干核心要素构成。因此，只要探究出核心要素即可了解学习力的结构。例如，英国学者克莱斯顿在对学习力进行实证研究的基础上构建了"四要素分析模型"，分别是个体在顺应行为中所体现出的顺应力，个体在策应行为中所体现出的策应力，个体在反省行为中所体现出的反省力，个体在互惠行为中所体现出的互惠力。英国 ELLI 项目团队通过实证研究，构建了"七要素分析模型"，分别是变化和敏感、关键好奇心、意义形成、创造性、学习互惠、学习策略、自我效能。也有学者借鉴信息加工理论的划分，将要素进一步归类在不同的系统上。例如，贺武华等学者认为，学习力是支撑学习者持续进步的基础性能量系统，包括了四个系统：动力系统，包含学习动机、学习态度、学习情感；行为系统，包含理解力、记忆力等；调节系统，包括方法策略、学习规划等；环境支持系统，包括报考条件、氛围等①。

2. 阶段论

学习力阶段论者认为学习力有一个动态形成的过程，因此学习力要素的归纳也必须基于不同的过程。例如，我国学者郑伟波认为学习力不是单纯学习要素的组合，他提出大学生学习力包括七个依次进行的行为，包括理解与思考力、合作与共享力、主动与坚持力、探索与创新力、运用与转化力、反馈和改进力等。每个行为在学习力系统中都发挥着特定的作用，彼此又相互作用构成一个有机联系的整体。七个行为中，理解与思考是认识事物的起点，学习者通过主动坚持、合作共享、探索创新等过程，在实践中运用和转化所学识，最后通过反馈改进和理解思考达成学习目标。又如瞿静等学者提出，学习力包括了触发、推进、完成以及转化提升四个基本阶段，并由此构建了四阶段的学习力框架。

3. 阶段要素论

阶段要素论者整合了前面两类观点，认为学习力既是一个动态的形成过程，在每一个过程中又具有相对稳定的结构。因此，学习力要素的整理需要综合考虑以上两个方面。例如，裴娣娜团队在学习力层次结构研究的基础上构建了学习力层次模型，认为学习力大致包括三个层次，分别是个体的基本素质层、实现路径层、目标层。每个层次又涵盖不同的内容，其中基本素质涵盖了三个基本要求，分别是知识和经验方面的要求、策略和反思方面的要求、意志和进取方面的要求；实现路径层包括了两个基本路径，分别是通过实践活动而实现的基本路径、通过协同和合作而实现的基本路径；目标层阐述了学习力的目标，即通过批判和

---

① 贺武华．"以学习者为中心"理念下的大学生学习力培养［J］．教育研究，2013
(3)：107.

创新而实现个体发展的最终追求①。学者冯忠良则认为学习力包括三个
基本阶段，第一阶段为知识理解阶段，第二阶段为知识巩固阶段，第三
阶段为知识应用阶段，不同阶段都包含了学习知识的能力、学习技能的
能力和学习社会规范的能力，由此构建了学习力三阶段三要素的学习力
阶段要素模型②。

通过对部分代表性研究成果的整理，可以得到学习力要素文献梳理
表（见表3-1）。

表3-1　学习力关键要素文献梳理表

三因素论	五因素论	ELLI项目	十因素论	能力类属观点	信息加工理论观点	二维划分
动力	动力	关键好奇心	动力		动力系统	非理性
	鉴别力	变化和学习	敏感力			
毅力	毅力	顺应力	理解力		控制系统	
能力	能力	策略意识	学习能力	知		理性因素
		学习互惠	社会适应力	做		
			合作力		执行系统	
	转化力	创造性	创新力	内化		
		意义形成	迁移力			
			搜索力			
			实践力			

对比发现，相关要素基本上可以归结为三个系统，分别是动力系
统、控制系统以及执行系统。其中，动力系统是学习者进行学习的驱动
力，主要功能在于激发个体"想要学"的行为意向；执行系统强调的

---

① 裴娣娜.学习力：诠释学生学习与发展的新视野［J］.课程·教材·教法，2016
　（7）：5-6.
② 冯忠良.能力的类化经验说［J］.北京师范大学学报，2000（3）：28-29.

是个体处理信息能力，主要功能在于帮助个体掌握"会学"的技巧和能力；控制系统则强调个体对学习行为的支持能力，基本包含情感上的自我效能，以及对学习知行的策略，主要功能在于帮助个体解决各种阻力而实现"坚持学"的目标①。以上要素的整理为后续进一步确定学生学习力要素奠定了基础。

综上，价值层的理论成果为本书中的学生学习力理论模型的构建确立了价值方位。结构层的理论成果为本书中的学生学习力理论模型提供了结构框架。要素层的成果不仅梳理了已有学习力要素的研究成果，还提供了因子分析的方法，为本书中学生学习力的基本要素确定奠定了基础。三方面的理论为本书接下来的学生学习力理论模型构建提供了理论支持。

第二节　学生学习力的因子分析

简单地说，因子分析方法包括了"一分一合"的两个过程。"一分"指的就是关键元素的梳理；"一合"就是通过因子分析，将关键元素归纳为若干公共因子。

一、学习力关键要素的现实确认

为了使学生学习力关键因素的梳理更加完整、更切实际，本书将在对学习力关键要素文献进行梳理的基础上，设置因素筛选表，开展问卷调查，以达到在现实中确认学习力关键因素的目的。为了保持学习力因素梳理的系统性，学习力因素筛选表以信息加工理论为基本依据，按照

---

① 瞿静．论学习力理念从管理学向教育学领域的迁移 [J]．教育与职业，2008（3）：64-65．

动力系统、执行系统和控制系统进行划分。筛选表中要素内容的确定包括两个步骤：一是在文献梳理基础上开展小组讨论，形成初步意见后咨询相关专家意见形成关键要素初筛调查表（见附录A：关键要素初筛调查表）；二是以书面的形式向一线教师和学生征求意见，并进行修改，最后筛选出60个要素（见表3-2）。将这60个要素筛选的表格交由专家进行分类打分排序，在兼顾了不同类别要素平衡的基础上，进一步确定出45个关键要素（见表3-3）。

表3-2 筛选后要素

序号	影响要素	序号	影响要素	序号	影响要素	序号	影响要素	序号	影响要素
1	意义形成	13	强化	25	复习	37	变化感知	49	自我控制
2	目标明确	14	专注力	26	自我督促	38	搜索力	50	反省力
3	获得帮助	15	学习毅力	27	信息整理	39	学习互助	51	信息提取
4	效用认同	16	学习计划	28	实例化	40	组合记忆	52	适应性
5	压力调节	17	记忆力	29	迁移力	41	学习氛围	53	抗挫性
6	成就感	18	连贯性	30	知行学习	42	学习策略	54	压力调节
7	信息敏感	19	转化力	31	情境力	43	学习方法	55	自我激励
8	好奇心	20	关联力	32	信息筛选	44	课外关注	56	学习自主性
9	符号能力	21	学习兴趣	33	学习互助	45	听取意见	57	时间管理
10	内化	22	竞争合作	34	主动求教	46	问题导向	58	表征力
11	观察力	23	信息归类	35	实践检验	47	数字能力	59	自信心
12	关注重点	24	想象力	36	知识运用	48	认知模式	60	信息处理

表3-3 关键要素

序号	影响要素	序号	影响要素	序号	影响要素	序号	影响要素	序号	影响要素
1	好奇心	10	信息筛选	19	关联力	28	主动求教	37	自我控制
2	目标明确	11	专注力	20	自我督促	29	听取意见	38	反省力
3	学习自主性	12	课外关注	21	符号能力	30	学习互助	39	问题导向

续表

序号	影响要素	序号	影响要素	序号	影响要素	序号	影响要素	序号	影响要素
4	效用认同	13	信息整理	22	实例化	31	获得帮助	40	适应性
5	学习兴趣	14	记忆力	23	迁移力	32	学习氛围	41	抗挫性
6	成就感	15	连贯性	24	知行学习	33	学习策略	42	压力调节
7	信息敏感	16	组合记忆	25	情境力	34	学习方法	43	自我激励
8	观察力	17	信息归类	26	实践检验	35	学习计划	44	自信心
9	关注重点	18	想象力	27	知识运用	36	时间管理	45	学习毅力

二、初始问卷设计

关键要素的确定为问卷题目设置提供了基础，根据问卷设计流程，笔者将从初始问卷设计、预测与检验、正式问卷生成三方面开展设计工作。

（一）初始问卷设计

本书设计的学习力问卷主要由两部分内容构成，第一部分内容是基本信息项，第二部分内容为问题项。在问题项部分，根据关键要素的数量而对应设置了 45 个题项，基本按照每个关键要素对应设计一个问题。如对于影响因素寻求帮助的问题，设置题项为"当学习上遇到疑难问题时，我会主动请教老师同学"。问卷采用李克特五级量表的计分方式。在问卷中还设置了学生学业情况的问题，以探索学生学习力状况和学业情况的联系。在问卷设计中除了参考已有成熟的问卷外，还广泛征求了专家意见，最后形成了 45 个问卷题目（见表 3-4）。

表 3-4　问卷题项设定

序号	题项
1	我认为自己可以在考试或者作业中得到理想结果
2	当发现别人有好的学习方法时，我会主动学习
3	当我学习时，我能够全神贯注地学习
4	当学习疲倦时，我总能够激励自己，让自己充满力量
5	当学习上遇到疑难问题时，我会主动请教老师或者同学
6	当学习压力大时，我总能够想方设法将其转化为学习动力
7	当学习遇到干扰时，我总能够自我控制，不会受干扰
8	相较于原理理解，我更擅长在实际中操作
9	对于过往的知识或者经验，我往往记忆犹新
10	在学习上，我总能从老师或者同学那里得到很大的帮助
11	对于感兴趣的知识点，无论是在课堂上或是在课后我都会持续关注
12	在学习中，我总能够举一反三
13	对于一个概念，我总能够想象出它在现实中的情景
14	对于一个知识点的讨论，我总能够举出相关例子加以说明
15	对于周围环境的变化，我一般能够较为敏感地察觉到
16	相较于"是什么"的概念理解，我更感兴趣"怎么办"的实际操作
17	经过一定时间的尝试，我已掌握适合自己的学习方法
18	我可以在考试之前，基于特定方法而唤起所学知识的记忆
19	在日常的实训中，即使忘了相关的运作原理，我也能够熟练地进行实际操作
20	课本里的插图对于我理解知识要点十分重要
21	在学习之后，我总有概括总结所读内容的习惯
22	哪怕遇到困难，我也不是一个轻言放弃的人
23	取得好的成绩能够令我产生很大的满足感，为此我会努力学习
24	如果有机会，学到的知识我都会在实际中做一遍
25	为了更好地掌握知识，我往往需要边操作边学习
26	为提高效率，我往往会为自己的学习事先制订较为明确的计划

序号	题项
27	我常常把学过的知识进行分类整理，使它们更有条理
28	我一般会用特殊而又明显的标记来处理重点学习内容
29	我常常能够找出同一个问题的多种解答方式
30	我对课堂上老师说的新知识、新概念充满了好奇
31	我对自己的动手能力很有信心
32	我非常认同"温故而知新"的观点，并经常复习所学知识
33	在学习过程中，我和其他学习者建立了良好的互动关系
34	我会通过大纲或者分类的方式组织所学内容，以提升知识的有序性和条理性
35	我会经常反省自己近一段时间的学习是否有进步，并总结经验及教训
36	在笔记应用方面，我会选择部分图表或者符号，以确保内容清晰明了
37	我觉得在学校里学习的知识，对于学习其他东西很有作用
38	我乐于听取别人对我学习上的建议或者评价
39	我认为在学校所学的科目的内容都很有趣
40	我善于把已有经验或者技巧运用到新的领域中
41	我往往会对自己的学习时间进行合理分配
42	我往往能够观察到细小的信息，如老师皮鞋的颜色
43	我往往能够找出看似不相关的两个事物间的内在的联系
44	我习惯通过实际操作来学习新知识
45	我有非常明确的学习目标

（二）预测与检验

以海南省部分高校学生作为研究对象，通过向他们发放调查问卷来获取第一手资料和数据。此次共发放了 1000 份调查问卷，完成 890 份问卷的回收，剔除不满足要求的问卷之后，共得到 819 份有效问卷。对于问卷数据运用 SPSS15.0 软件进行了统计学分析。

1. 信度分析

信度分析的主要目的在于确保问卷数据的可靠性以及一致性，克朗巴哈系数（cronbach's alpha）检验是目前应用最为广泛的信度检验方法之一[1]。在通过问卷获取相关数据之后，利用 SPSS15.0 软件完成相应的统计学分析，从分析结果看，信度系数为 0.95（见表 3-5），说明本问卷设计的信度可靠。

表 3-5　可靠性分析

可靠性统计量		
cronbach's alpha	基于标准化项的 cronbach's alpha	项数
0.949	0.95	45

2. 效度分析

效度检验是判断问卷内容是否满足研究要求的重要步骤，通常包括内容和结构两方面的效度检验。在内容效度方面，本书在问卷设计时邀请受试者进行预测，主要关注题项在表达上是否容易引起歧义或误解。在问卷成型后邀请专家对问卷的题目进行审定和修改，以提升问卷的可靠性，确保其内容效度满足要求。在结构效度方面，本书依托因子负荷矩阵，分别通过聚合效度以及区分效度进行检验分析，以此来判断问卷结构效度是否满足要求[2]。经对比发现，大部分题项负载在某项公因子上大于 0.5，仅有 5 个分题项未达到，但也都在 0.4 以上，表明因子聚合度较高，同时在其他公因子上大部分题项负载小于 0.4，表明因子区分度较高，由此表示效度检验满足要求。

综上所述，初始问卷基本通过验证，在进行调节后将生成正式

---

① 陈超，邹滢. SPSS15.0 中文版常用功能与应用实例精讲［M］. 北京：电子工业出版社，2009：25-26.

② 余建英，何旭宏. 数据统计分析与 SPSS 应用［M］. 北京：人民邮电出版社，2006：304-306.

问卷。

（三）正式问卷生成

1. 正式问卷的基本内容

经过调整后，正式问卷由两部分组成，分别是基本信息项和问题项，其中问题项共有 45 项。问卷采用李克特五级量表格式（见附录 B：学生学习力调查问卷）。

2. 问卷设计局限性的说明

在问卷设计中可能存在以下两个局限：一是对于关键要素的选择，仍有可能出现遗漏。但本书主要关注点为学习力的因子结构，个别因素的影响有限且本书出发点为学习力提升策略的探索性研究，并且将不断进行完善，因此个别因素的缺漏也在研究的考虑范围内；二是在题项的设计方面，可能存在表述上的瑕疵，但是由于经过了预测和调整，基本能够保证调查对象对题目意思理解的偏差在可以接受的范围内。

三、探索性因子分析

本书以海南省部分高校大学生为例，开展问卷调查，因为数据来源于直接的调研，这有力保证了构建的学习力结构模型符合客观的实际。通过探索性因子分析梳理学生学习力核心因子，为构建学生学习力理论模型提供了技术支持。

在本次问卷调查中，主要将调查对象划分为两大部分，分别是普通高校学生和高等职业院校学生。这样的划分一方面有利于了解不同类型学生的情况，保证了数据的全面性；另一方面，为后续研究中能将高职院校学生和普通本科大学生进行对比提供了条件。此次根据研究需要共发放了 3000 份调查问卷，针对普通本科学生发放了 1500 份问卷，针对高职院校学生发放了 1500 份。其中，本科学生发放范围为包括海南师范大学、海南大学在内的四所高校；高职学生发放范围为海南省高等职业院校，包括海南高等职业技术学院、海南软件学院和三亚学院、海南工商学院等 7 所院校。为使调研更具广泛性，问卷发放兼顾了调查对象在男女的比例和在各年级的分布上的平衡（见表 3-6）。

表 3-6　各类大学生群体问卷发放比例

分布	性别		小计
	男性	女性	
一年级	450	350	800
二年级	621	579	1200
三年级及以上	460	540	1000
合计	1531	1469	3000

对问卷进行回收及整理，共回收问卷 2865 份，其中包括 2821 份有效问卷，有效问卷中又包含了 1488 份普通高校学生填写的问卷和 1333 份高职院校学生填写的问卷。

（一）因子提取

运用 SPSS15.0 软件对数据进行分析，结果显示 KMO 统计量的值为 0.95，满足因子分析的基本要求（见表 3-7）。

表 3-7　KMO 检验

	取样足够度的 Kaiser-Meyer-Olkin 度量	0.95
Bartlett 的球形度检验	df	820
	Sig	0

基于此，本书选择主成分分析法，在通过最大方差法完成旋转之后，可以确定如下表所示的因子负荷矩阵（见表 3-8）。

表 3-8　解释的总方差

成分	初始特征值			提取平方和载入			旋转平方和载入		
	合计	方差%	累计%	合计	方差%	累计%	方差%	累计%	合计
1	21.672	50.4	50.4	21.672	50.4	50.4	6.028	14.019	14.019
2	1.904	4.427	54.827	1.904	4.427	54.827	4.926	11.455	25.474
3	1.662	3.864	58.691	1.662	3.864	58.691	4.79	11.139	36.613
4	1.293	3.006	61.698	1.293	3.006	61.698	4.602	10.702	47.315
5	1.1	2.557	64.255	1.1	2.557	64.255	3.847	8.947	56.262
6	0.93	2.163	66.418	0.93	2.163	66.418	2.713	6.31	62.572
7	0.899	2.09	68.508	0.899	2.09	68.508	2.553	5.936	68.508
8	0.839	1.951	70.459						
以下省略									

提取方法：主成分分析

　　为确保各个变量满足使用要求，在因子载荷超过 0.4 的条件下，对部分题项的因子划分做了调整。利用 SPSS15.0 软件对数据进行内部一致性检验，结果显示克朗巴哈系数（cronbach's alpha）值基本都大于 0.8，说明各因子中的因素间存在较高的一致性（见表 3-9）。

　　经比较题项的基本内容，因子 5（包含题项 5、33）主要表示学生之间的互助关系，因子 4（包含题项 24、26、27、34、41）主要表示学生的学习策略，二者都属于学习行为本身属性，都对信息加工起到支持作用且学习中互助行为也可以看成是一种学习策略，因此将此二类因子合并为一个因子，并命名为策略性。合并后该因子的一致性检验数值为 0.81，说明以上合并可以接受。由此便整合形成七个公因子（见表 3-10）。

表3-9　初始筛选公因子

因子	问卷编号	内部一致性检验
1	3、11、23、35、37、39、45	0.838
2	12、21、29、32、43	0.823
3	8、16、19、25、31、44	0.812
4	24、26、27、34、41	0.804
5	5、33	0.84
6	9、13、14、20、36、40	0.792
7	1、2、4、6、7、22	0.862
8	15、17、18、28、38、42	0.819

表3-10　整合后公因子

因子	问卷编号	内部一致性检验
1	3、11、23、35、37、39、45	0.838
2	15、17、18、28、38、42	0.819
3	9、13、14、20、36、40	0.792
4	5、24、26、27、33、34、41	0.81
5	12、21、29、32、43	0.823
6	8、16、19、25、31、44	0.812
7	1、2、4、6、7、22	0.862

（二）因子命名

因子命名包括三个步骤，分别是归类、关系梳理、解释和命名。先将不同要素按照基本含义进行分类，在不同类别下梳理因子关系，寻找关键特征并以此为基础给因子命名。为方便记录，本书中分别用字符 X1、X2、X3、X4、X5、X6、X7 表示 7 个因子。

1. 因子 X1 的命名

经过要素整理，共有 6 个因素归到此因子，分别对应专注（题项

3)、满足感（题项 23）、反思（题项 35）、知识有用性（题项 37）、有趣性（题项 39）、目标明确（题项 45）。经过分析，可以将以上因素大致归为两类，分别是产生学习行为的原因、产生学习行为及行为状态（见表 3-11）。两类别之间的关系可以表述为学习者因某些原因而导致某项行为的意愿或状态，如学习者因为认为知识有用，所以制定学习目标，并且处于专注的状态。在此过程中，行为者的状态是稳定的，如专注和反思。以上关系可表述为有效学习者基于一定的内在认知原因，产生了较为持续稳定的学习意向。因此，可将此因子命名为学习意识。

表 3-11　因子 X1 命名分析表

因子要素	类属
知识有用性、有趣性、满足感	行动原因
目标明确、专注、反思	行动及状态

2. 因子 X2 的命名

经过分析，此因子共涉及 6 个因素，分别对应变化敏感性（题项 15）、方法性（题项 17）、知识关联性（题项 18）、知识标记（题项 28）、开放性（题项 38）、细节敏感性（题项 42）。以上因素大致可以分为两类，分别是对于外界的开放性和敏感性，以及对于信息的识别和标记与关联等能力（见表 3-12）。以上关系可以表述为有效学习者对外界的开放性和敏感性，以及对信息的识别能力。可将此因子命名为注意力。

表 3-12　因子 X2 命名分析表

因子要素	类属
开放性、细节敏感性、变化敏感性	对外界变化或细节的开放性和敏感性
知识标记、方法性、知识关联性	对于信息的识别和标记与关联等能力

3. 因子 X3 的命名

经过分析，此因子共涉及 5 个因素，分别对应具象化（题项 8）、情境化（题项 16）、记忆力（题项 19）、概念能力（题项 25）、符号能力（题项 31）、想象力（题项 44）。经过整理，以上因素大致可以分为两类能力，分别是将理性信息具象化的能力，以及将感性信息抽象化能力（见表 3-13），可以将其综合表达为有效学习者具备将感性经验信息转化为理性符号信息的抽象能力，以及将理性符号信息转化为感性经验信息的还原能力。可将此因子命名为表征力。

表 3-13 因子 X3 命名分析表

因子要素	类属
具象化、情境化、	将理性信息具象化能力
记忆力、概念能力、符号能力、想象力	将感性信息抽象化能力

4. 因子 X4 命名

经过分析，此因子共涉及 5 个因素，分别对应寻求帮助（题项 5）、练习巩固（题项 24）、计划性（题项 26）、整理能力（题项 27）、互助关系（题项 33）、知识组织（题项 34）、时间管理（题项 41）。经整理以上因素可大致分为两类，分别是获得外界的帮助以及自我学习策略和方法（见表 3-14）。以上内容可表述为有效学习者能够有意识地对自己的学习过程进行管理，他们往往会根据不同的情况选择合适的学习资源或方法，并通过不断地进行自我总结以调整学习的策略。因此，可将此因子命名为策略性。

表 3-14 因子 X4 命名分析表

因子要素	类属
寻求帮助、互助关系	外界帮助
练习巩固、计划性、整理能力、知识组织、时间管理	策略方法

5. 因子 X5 命名

经过分析，此因子共涉及 5 个因素，分别对应举一反三（题项
12）、概括能力（题项 21）、一题多解（题项 29）、温故知新（题项
32）、关联能力（题项 43）。经整理，以上因素大致可以分为两类，即
将知识进行延展的能力以及知识关联的能力（见表 3-15），可将其表述
为有效学习者能够将已学知识总结形成一定的结构或模式，并将该种结
构或模式有效迁移到新的领域。这方面能力较低的学习者往往会孤立地
理解新知识，较少关注知识之间的相互联系。因此，可将此因子命名为
迁移力。

表 3-15　因子 X5 命名分析表

因子要素	类属
举一反三、一题多解	知识进行延展的能力
温故知新、关联能力、概况能力	知识关联的能力

6. 因子 X6 命名

经过分析，此因子共涉及 6 个因素，分别对应实践能力（题项 8）、
实践偏好性（题项 16）、熟练程度（题项 19）、实践学习（题项 25）、
知行结合（题项 31）、实践探索性（题项 44），经整理以上因素大致可
以分为两类，分别为知识运用于实践的能力、从实践中反思提升的能力
（见表 3-16），可将其表述为有效学习者通过实践连接，将知识作用于
实际，并能从实践中进行反思，进而得到提升。因此，可将此因子命名
为实践性。

表 3-16 因子 X6 命名分析表

因子要素	类属
实践能力、熟练程度、知行结合 实践偏好性、实践学习、实践探索性	知识运用于实践的能力 从实践中学习的能力

7. 因子 X7 命名

经过分析，此因子共涉及 6 个因素，分别对应自信心（题项 1）、主动性（题项 2）、自我激励（题项 4）、压力管理（题项 6）、自控力（题项 7）、毅力（题项 22）。以上因素大致可以分为两类，分别是自我激励能力和自我控制能力（见表 3-17）。可将其表述为有效学习者能更好地调动自己的情感能力，这种能力能够帮助学习者在遇到无序或者失败时能够保持笃定，并能够快速恢复并积极应对；反之，若学习者缺乏此种能力，则会表现为遇到困难立即退却、无法坚持良好的学习态度。因此，可将此因子命名为自我效能。

表 3-17 因子 X7 命名分析表

因子要素	类属
自信心、毅力、主动性、自我激励	自我激励能力
压力管理、自控力	自我控制能力

经过以上分析，学生学习力 7 个因子得以确定，分别为学习意识、注意力、表征力、策略性、迁移力、实践性、学习效能。由此可构建起学生学习力七因子模型（见图 3-1）。

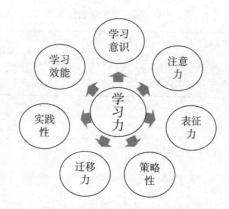

图 3-1　学生学习力七因子模型

四、验证性因子分析

为了进一步保证学生学习力因子之间的适配性，本研究运用 A-MOS17.0 软件进行验证性因子分析，并得到结构方程模型及相应验证数据。通常而言，模型适配度指标的数值应该位于 0~1 区间，数值和 1 越接近，则表示模型的适配度越高；模型适配度指标的数值和 0 越接近，则表示模型的适配度越低。通过检验，以上指标的数值均在 0.8 以上（见表 3-18），表示在适配度方面，以上 7 个因子均达到要求。

表 3-18　指标值情况表

指标值	理想值	测试值
GFI	接近 1	0.843
NFI	接近 1	0.876
RFI	接近 1	0.845
IFI	接近 1	0.911
CFI	接近 1	0.910
TLI	接近 1	0.888

同时从学习力结构方程模型中各因子之间关系看，因子间呈正向关系（见图3-2），且各因子关系值大部分在0.8以上，最低值亦在0.7以上，进一步验证了学生学习力因子结构模型适配度可以接受。①

第三节　学生学习力理论模型及测评体系的建立

一、学生学习力理论模型的建立

学生学习力理论模型是学生学习力的抽象化表达形式。依据前文的理论分析，在因子分析基础上，本书将学生学习力模型建构为一个包含了要素层、结构层、价值层的三层结构模型，以便直观地呈现学生学习力的要素构成、结构特征及内在价值属性，为后续系统分析学生学习力状况提供框架。

（一）要素层

要素层是学生学习力理论模型的最外层，主要包含学生学习力的影响因素。在因子分析基础上，前文中已筛选出影响学生学习力的7个因子，分别为学习意识、迁移力、实践性、策略性、表征力、学习效能、注意力。对于以上各因子情况的探索，可依据本章第二节中的学习力调查问卷，通过调查进行。各因子对应问卷编号，详见表3-19。

---

① 结构方程模型-AMOS的操作与应用，吾明隆著［M］. 重庆大学出版社：重庆 2009. 7.

表 3-19   因子汇总表

因子	因子命名	含义	问卷编号	对应元素
1	学习意识	能够促使学习者产生较为持续稳定的学习意向的内在认知	3、11、23、35、37、39、45	目标明确、专注、反思、知识有用性、有趣、满足感
2	迁移力	效率较高的学习者往往依托既有知识储备来连接新学内容,通过发现新旧内容之间的关系,提升对新内容的理解程度。通过知识延展知识,并有效迁移到新领域	12、21、29、32、43	举一反三、概括能力、方法多样性、温故知新、关联能力
3	实践性	有效学习者通过实践连接,将知识作用于实际,并在实践中反馈和调整自我认知模式	8、16、19、25、31、44	实践能力、实践偏好性、熟练程度、实践学习、知识运用能力、实践探索性
4	策略性	效率较高的学习者会对自己的学习过程以及学习行为进行针对性的管理,并根据所学内容的差异性或者任务的差异性来调整学习策略,在自我评价和反思的基础上,制定适用性更强的学习策略	5、24、26、27、33、34、41	寻求帮助、练习巩固、计划性、整理能力、互助关系、知识组织、时间管理
5	表征力	有效学习者具备感性经验信息向理性符号信息转化的抽象能力,以及理性符号信息向感性经验信息的还原能力	9、13、14、20、36、40	具象化、情境化、记忆力、符号能力、想象力
6	学习效能	有效学习者能更好控制自己的情感能力,从而保持自身精神状态的稳定性,即便在遭遇困难或者无序情况下依然可以在短时间内恢复并成长	1、2、4、6、7、22	自信心、主动性、自我激励、压力管理、自控力、毅力

因子	因子命名	含义	问卷编号	对应元素
7	注意力	有效学习者对外界的开放性和敏感性，以及对信息的识别能力	15、17、18、28、38、42	变化敏感性、方法性、知识关联性；知识标记、开放性、细节敏感性

（二）结构层

本书以信息加工理论为基础，结合建构主义的观点，采纳"两个系统"学说的相关论点，认为学习力存在三种典型结构。不同的结构所发挥的功能作用各不相同。

1. 意愿—能力"双螺旋"结构

学生学习力是由学习意愿和学习能力两个方面组成，二者呈现双螺旋的结合和互动的结构特征，可将此称为学生学习力意愿—能力"双螺旋"结构。学习意愿和学习能力的双螺旋互动过程产生能量，进而推动了学习行为的发生。缺乏这种互动，学习行为将无法持续进行。

（1）学习意愿

学生学习意愿是指学生想要去学习的愿望，是学习行为发生的动力来源。这种动力具体来源于学习者的学习兴趣和学习意识。学习兴趣在此是指学习期待系统作用下学生产生想要学的状态，是一种主动学习的状态。学习意识在此是指学习控制系统作用下，学生因自我激励或者控制下认为我必须认真学的状态，是一种自我控制下被动的学习状态。

（2）学习能力

学生的学习能力指学生进行学习行为所体现出来的能力。根据信息加工理论，学生的学习能力主要包括信息处理能力和行为能力。学生的学习能力支持着学生认知过程中的执行系统的有效运行。

学习意愿和学习能力二者相互作用，共同为学习行为提供能量。二者的作用分别表现为，学习意愿让学生"想"学，学习能力决定了学习行为的效率。同时，学习意愿和学习能力是相互促进的，一方面意愿能够促进行为，另一方面行为的完成也能够进一步促成学习意愿的产生。根据动力和能力在其中的地位不同，学生学习力双螺旋结构又可分为动力主导型和能力主导型两种类型。动力主导型学习力是指在学生学习力的双螺旋结构中，学生学习意愿的表现优于学习能力，说明在学生学习力的作用发挥中学习意愿是主导；能力主导型学习力是指在学生学习力的双螺旋结构中，学生学习能力的表现优于学习意愿，说明在学生学习力作用发挥中学习能力是主导。

2. 期待力—控制力—执行力"三元"结构

根据信息加工理论，学习本质上是一个依托大脑进行信息加工的认知过程。认知系统的顺利运行依赖于以下三个系统的协同：一是动力系统，也称其为期望系统，为信息加工提供动力；二是信息加工系统，包含了信息筛选、信息处理、信息反应三个环节；三是执行控制系统，该系统在整体层面上调控整个系统运行，但不直接和特定操作成分关联。

作为学习的"力"的表达，对应信息处理的三个系统过程，学习力同样包含了期待"力"、控制"力"和执行"力"，三者共同构成学习力的"三元"结构（见图3-2）。这三个方面"力"的情况决定了学习者的学习状态。

（1）期待力

期待力是指学生基于兴趣等原因产生的学习动力。这种动力促使学生处于主动学习的状态，即"想"学的状态。在这种状态下，学生往往能够感受到学习的快乐，从而对学习活动充满期待。

（2）执行力

结合"两个系统学说"的观点，本书认为在信息加工的执行系统

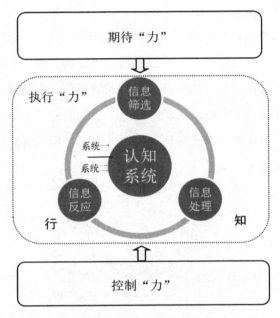

图3-2　学习力期待—控制—执行"三元"结构模型图

中，除了有感受器、反应器以外还有一个加工器（也称为思维系统），由于这个思维系统无法被自我意识，故可称其为认知黑箱。思维系统包括系统一和系统二（参见前文中系统一与系统二的划分），负责信息处理和加工，信息经过处理后形成知识表征。通过感受器（信息进入）、加工器（信息加工）、反应器（信息输出）三个过程，学习者与外界实现了信息的交互，从而使认知过程得以发生。而执行力就是指此执行系统的运行效率，是感受器、加工器、反应器三过程有效循环的能力。

（3）控制力

控制力是指学生对学习活动中信息加工过程的自我控制的能力。自我控制力能对信息加工过程进行监控和调整，以保证信息加工过程的顺利开展。具有较好的控制力的学习者能够在信息加工过程遇到阻力时触发启动方法调整，以及启动自我效能，促进学习者解决问题，以达到理想的学习效果。

3. 学习力的信息—行为"双能力"结构

学习活动进行过程中，对于信息的处理过程主要依靠执行系统来完成。这些活动包含了与信息处理直接相关的信息处理活动，还有一些与信息处理不直接相关的辅助活动。此两类活动所需要的能力分别为信息处理能力和行为能力，因此在信息处理过程中，学习者需要同时具备信息与行为的双能力（见图 3-3）。

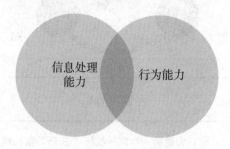

图 3-3　学习力的"双能力"结构

（1）信息处理能力

信息处理能力是指学生在认知活动中直接进行信息处理活动所体现出来的能力。例如对于某个学习过程，学习者为了更好地理解学习公式而与同学开展交流活动，其中理解公式是与信息处理直接相关的信息处理活动，而与同学交流则是为了促进信息处理活动而开展的辅助活动。因此，理解力属于一种信息处理能力。

（2）行为能力

行为能力是指学生在认知活动中为支撑信息处理而开展的行为所体现出来的能力，针对信息处理能力来说，行为能力属于间接能力。如在上个例子中，与同学交流则是为了促进信息处理活动而开展的辅助活动，这个属于辅助活动开展所体现出来的能力称为行为能力，即交流能力在此属于行为能力。

信息能力和行为能力二者相互作用，促进了学习中信息处理功能的实现。根据信息处理中两种能力的高低，可将学习力划分为信息处理主导型学习力和行为能力主导型学习力。

（三）价值层

综合人的全面发展理论和主体性教育思想，关于学生学习力的价值属性，本书认同如下观点：

1. 学习力的价值内涵是促进学习者的全面发展

如前所述，学生学习力是促使学生的学习行为达成目标的"力"的表达，即学习力的价值在于其对学习价值的达成。因为学习的根本目的是为了人的全面发展，从而成为"自由"的人。因此，学习力的价值可表述为促进学习者的全面发展。学习者的全面发展首先根基于其能力的综合发展，并最终指向学习者的"自由"发展。所谓"自由"发展是学习者的需求得到充分尊重，以及其个性得到充分张扬[①]。

2. 学习力的价值表现是自主学习

自主学习是与他主学习对应的一个概念，它意味着学习者基于自我需要，主动性地开展学习。为了达到全面发展的学习者，其学习必然是一种自主性的而非他主性的。此时，自主学习者往往处于这样的学习状态，学习是"我"的事情，而不是别人给我布置的任务。别人可以帮助"我"更有效地开展学习活动，但是学习终归是"我"的责任[②]。开展自主学习一般需要具备以下三个条件，分别是"想学"的意识、

---

① 郑永廷. 坚持科学发展观促进人的全面发展 [J]. 思想理论教育导刊, 2014 (4): 3.
② 本刊编辑部. 自主学习的真谛是什么——课程专家答本刊记者问 [J]. 人民教育, 2002 (11): 42.

"会学"的方法和"坚持学"的意志①。

综上所述，本书从价值、结构、要素三个层面进行梳理，分别明确了学生学习力的价值导向、确定了学生学习力的主要结构、梳理出学生学习力的七个核心要素，以上三个部分相互依托，共同搭建学生学习力理论模型（见图3-4），可以为系统分析学生学习力状况提供框架。

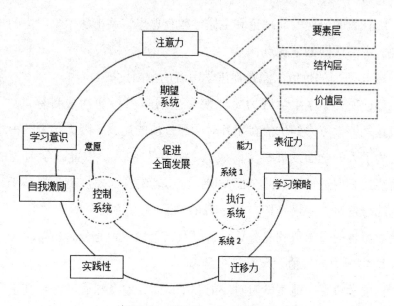

图 3-4 学生学习力理论模型

二、学习力结构及要素的量化测评体系构建

为了使学生学习力理论模型在对学生学习力状况的考察中更具操作性，本书将学生学习力理论模型与学生学习力问卷搭配使用，可构建学生学习力测评体系。

---

① 钟启泉，崔允漷，张华. 为了中华民族的复兴，为了每位学生的发展《基础教育课程改革纲要（试行）》解读 [M]. 上海：华东师范大学出版社，2001：260.

（一）测评体系建立

根据学生学习力的 7 个因子与意愿—能力"双螺旋"结构、期
待—控制—执行"三元"结构和信息—行为"双能力"结构的对应关
系，依据学生学习力调查问卷，可建立学生学习力测评体系（见
表 3-20）。其中意愿—能力"双螺旋"结构反映了学习力的意愿和能
力两个维度的情况；期待—控制—执行"三元"结构反映了动力系统、
执行系统和控制系统三个系统的得分情况；信息—行为"双能力"结
构是执行系统在信息处理过程中所体现出来的信息能力和行为能力。

根据学生学习力问卷可对应得出学习力的 7 个因子的测评题目。通
过测试得分亦可以了解学习力的 7 个因子的情况。

表 3-20　学生学习力测评体系表

意愿—能力"双螺旋"结构	期待—控制—执行"三元"结构	7 个因子情况	指标（同问卷题号）
学习力结构及要素层面量化			
想学	动力系统	学习意识	3、11、23、35、37、39、45
	控制系统	学习效能	1、2、4、6、7、22
会学	执行系统（"双能力"结构）	信息能力 注意力	15、17、18、28、38、42
		表征力	9、13、14、20、36、40
		迁移力	12、21、29、32、43
		行为能力 策略性	5、24、26、27、33、34、41
		实践性	8、16、19、25、31、44

（二）相关说明

1. 关于因子之间权重的说明

本书建立的学生学习力理论模型并未划分各学习力因子之间的权

重，可能会影响模型在学习力评价上的精确化。鉴于本书的基本目标是对关键因子的筛选并分析各自作用，进而找到提升学生学习力的办法，并且本书假设学习力各因子之间均衡发展是学习力总体发展的前提。因此，由于未划分因子权重而导致对模型精确性的影响是可以接受的。本书中各项测量指标的得分，按照对应要素取均值处理，主要反映该指标的平均状况。

2. 关于测评体系的适用性

本书构建的学生学习力因子结构模型适用于普通本科大学生和高职院校学生，一方面学习行为过程规律本质上的一致性，特别是我国普通大学教育和高职教育有许多相通之处，并且二者面临同样的社会竞争环境；另一方面本书开展的因子分析所采用的数据来源于普通高校学生和高职院校学生，以此为基础构建的学习力模型应该同样适用于二者。但是二者的学习力也存在不同之处，主要在于各类因子的重要性不同，即对于"学习力的关键影响因素有哪些"问题二者是一致的，但是在"哪个为最重要因素"的问题上却并不相同，这将在后续的研究中重点探讨。

小　结

学生学习力理论模型是对学生学习力的抽象化表达，本章中参照"素质洋葱"模型，分别从核心层、中间层和外围层三个层次对学生学习力进行结构梳理。

学生学习力理论模型的核心层主要关注学生学习力的价值属性。学生学习力是促使学生的学习行为达成目标的"力"的表达，因此学生学习力的价值服务于学生学习的价值。学习的目的是更好地发展自我，因此学习力的价值属性在于其成"人"性。所谓"成"人，就是促进人的全面发展。人的发展不仅包括能力的进步，还包含着精神的成熟，是能力和精神的和谐发展。

学生学习力理论模型中间层主要关注学生学习力的主要结构。本书以认知心理学的信息加工理论为基础，结合建构主义的观点，并采纳"两个系统"学说的相关论点，认为学习力存在三种典型结构，分别是意愿—能力"双螺旋"结构、期待力—控制力—执行力"三元"结构、学习力的信息—行为"双能力"结构。

学生学习力理论模型外围层主要关注学生学习力的组成要素。对模型外围层要素的梳理是模型建立的基础。根据文献梳理和实践来源，本章筛选出学习力的 45 个关键要素，并以此为基础设计大学生学习力调查问卷，一方面为学习力因子分析提供数据来源；另一方面可用于学习力的基本状况调查。通过因子分析将学习力因子确定为七个，分别是学习意识、注意力、表征性、策略性、迁移力、实践性、学习效能。学习力调查问卷的设计为后续的现实考察研究提供了工具和数据基础。

学生学习力理论模型的构建为研究的进一步开展奠定了理论基础，将理论模型与学生学习力问卷配合使用，不仅为学生学习力的研究提供了较为系统的分析框架，还能够为学生学习力状况调查提供较为有效的测评工具。

第四章　学生学习力的量化考察

本文将主要采用以下两种方法对学生学习力现实状况进行量化考察：一是问卷调查，发放《学生学习力调查问卷》，根据学生学习力结构及其要素量化测评体系，探索学生学习力的基本状况；二是对比分析，即以普通高校学生为参照对象，通过对比分析，试图了解高职院校学生学习力的独特之处。

第一节　现状调查

本次调查共发放问卷 5000 份，其中向普通高校大学生和高职院校学生分别发放问卷 2500 份。普通高校学生发放范围包括海南大学、海南师范大学等在内的 4 所高校；高职院校学生发放范围主要为海南省的高职院校，包括海南软件学院、海南高等职业技术学院等在内的 7 所高职院校。为使调研更具广泛性，问卷发放中兼顾了男女的比例和年级的分布。在对问卷进行回收上，共回收问卷 4653 份，问卷回收率为 93%，其中面向普通高校学生问卷回收 2351 份，面向高职院校学生问卷回收 2303 份。

一、结构分析

根据学生学习力理论模型,学生学习力存在三种较为典型的结构。通过问卷调查及整理分析,结果如下:

(一)意愿—能力"双螺旋"结构情况

1. 意愿主导是学生学习力结构的特点

学生学习力包含了学习意愿和学习能力两个部分,学习意愿主要通过控制系统和期待系统体现,学习能力主要表现在执行系统的效率。由图4-1可知,在意愿—能力"双螺旋"结构中学习意愿的得分为3.705,高于学习能力的得分。由此可见,意愿主导是学生学习力结构的特点,这说明在二者的相互作用中学习意愿起到更为重要的推动作用。

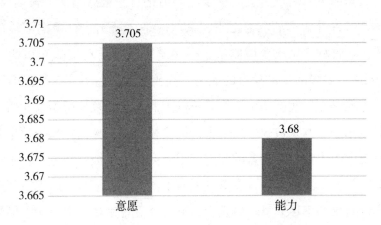

图4-1 学生学习力意愿—能力"双螺旋"结构情况

学生的学习意愿一直是研究者们关注的焦点。大部分研究者认为学生学习意愿不强是其明显的短板,也是导致学生学习效果不理想的主要因素,这与本文的调查结果并不相同。对此,本文分析发现,这与各自对学生学习意愿的定义差异有关。如有些研究者认为学习意愿是学习行为的内在驱力，学习者在学习过程中的持续驱动力源自其内在需求①。而本文中的学习意愿包括了基于学习意识的"想要学"，以及具有自我情感控制的"坚持学"，二者共同促发了学习者形成学习的意愿。由此，本调查中学生产生学习意愿相对于学习能力较强的原因可能在于学习意愿中"坚持学"的情感控制力较强，而非"想要学"的学习意愿强。对此问题，笔者将在后续的分析中予以关注。

2. 学生学习能力需要提高

从图 4-1 可见，从学生学习力"双螺旋"结构看，学生的能力维度得分为 3.68 分，说明其状况并不理想。由于在"双螺旋"结构中，能力维度是综合反映学生学习能力的指标，其得分不高说明学生学习能力仍待提高。

学者张丽英对高校学生自主学习能力进行考察后指出，长期以来，中小学在各种升学率的压力之下，采取的是"填鸭式"单向灌输的教育模式。在这种应试教育体制下，很多学生成为被动接受知识的"机器"，缺乏或者没有主动学习的能力。高校生源质量近年来虽然有了很大提升，但是由于我国招生录取政策的限制，高职院校所能收到的学生也都是二本、三本未被录取的，占全国高校学生 47% 的这部分学生普遍具有自主学习习惯相对较差的问题。很多高校为了提升学生的就业竞争力，提升学校的品牌效应，在管理上狠下功夫，抓学风、抓教风、抓校风，实际效果却不尽人意。事实上，自习课真正用功自学的学生仍然较少，图书馆的使用率也低，玩手机、上网成瘾的现象仍然十分普遍。学习的积极性和主动精神是自主学习的先决条件，而缺乏明确的学习目标，自主学习也无从谈起。据调查，在课堂上近一半的学生不善于独立

---

① 陈健，邱恬，钱彩秀．我国高职学生学习主动性研究综述学理论 [J]．2017（1）：194.

思考和自主探究；只有 20%的学生在平日的学习中有明确的学习目标，而认真落实学习目标的只占 14%；只有 50%的教师要求学生通过预习确定学习目标，而采用目标教学法的教师也较少。学生不重视制定学习计划，认为学习讲求实效，只有制定和实施合理的学习计划，学习才能收到事半功倍的效果。然而经常制定学习计划的学生只有30%，其中只有 5%的学生坚持制定学习计划；不会制定适合自己学习计划的占 68%，因此学习只凭"惯性"运转，教师让做什么就做什么，学习被动，效率低下①。

（二）期待—控制—执行"三元"结构情况

1. 控制主导是学生学习力结构特点

如图 4-2 所示，从对学生期待—控制—执行"三元"结构的调查结果看，控制"力"得分为 3.78 分，期待"力"得分为 3.63 分，以上表明学生学习力在"三元"结构方面体现出控制主导的特点。这也进一步呼应了前文中关于学生学习意愿较强源于其情感控制力较强的推论。

控制"力"相当于对执行系统的"推力"，它的主要功能是为了促进执行系统的运作而进行的诸如自我激励等情感调节，其得分较高可能说明在学习过程中，情感调节发挥了较为显著的作用。期待"力"和控制"力"共同影响了学生的"想"学。但是由于二者的作用方式不同，对于学生"想"学的影响也不同。期待"力"源于内在需求的满足而形成的"想要"学的动力；控制"力"主要是个人为了更好地执行任务而进行的自我激励或控制，往往体现为"坚持"学。并且在这个过程中学习者也往往伴随着"自我强迫"的情感。由此也可将期待

---

① 张丽英. 高职院校学生自主学习能力培养研究［J］. 中国职业技术教育，2014（8）：67-68.

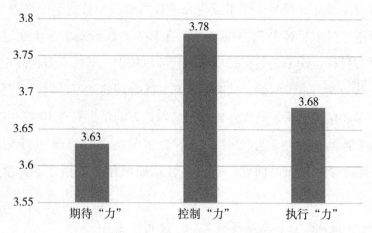

图 4-2　学生学习力期待—控制—执行"三元"结构情况

"力"理解为内动力，而将控制"力"理解为外动力。控制主导的特征往往意味着学生学习的动力来源是以外动力为主的。

2. 学生的内动力不足

期待"力"相当于对执行系统的"拉力"，是执行系统运行的内动力来源，在学生学习力中，期待"力"得分较低说明了学生学习内动力不足。学者张丽英在针对学生的学习调查中显示，约51%的学生对课堂情况并不满意，大约62%的学生表示自己在课堂上并无成为主体的感受①。长期以来，学校在各类指标的指引下，"填鸭式"教育依然是主流模式，同学们往往处于被灌输的状态，缺乏学习兴趣，自主学习的意识较低，这些都是学生内动力不足的重要表现。

学者徐兵对学生的学习动力进行调研，在"你努力学习的原因"这一问题的选项结果中，90.22%的学生是为了毕业后找到一份好工作，85.47%的学生是为了提高自己的能力，46.87%的学生是为了与别人和

① 张丽英. 高职院校学生自主学习能力培养研究［J］. 中国职业技术教育，2014（8）：67.

睦共处、协同学习，41.68%的学生是为了博得父母、师长的赞许。从以上数据分析可知，学生在学习动机上比较理智，以就业和提升自身能力为主，这类"学习目的"动机是最为持久的学习动力。同时，周围人对自己的期望和赞许等也是部分学生的学习动机，这类"表现目的"动机常常不够稳定，而使学习动力的水平受到影响。

从"能促使你对学习感兴趣的原因"这一问题的选项结果看，85.67%的学生认为是学到对自己有用的东西，68.9%的学生认为是学习内容的趣味性，60.63%的学生认为是教师的授课方式、授课水平及人格魅力，57.86%的学生认为是考试取得好成绩，45.41%学生认为是奖励制度。可见，物质等外部激励是学生学习动力的主要来源①。

（三）学习信息—行为"双能力"结构情况

1. 行为能力主导是学生学习力结构特征

在个体的认知活动中，直接进行信息处理时所体现出来的能力被称为信息处理能力，辅助活动开展所体现出来的能力被称为行为能力。如学习者为了掌握某个知识点而寻求同学帮助，对知识点的理解是信息处理过程，其中体现出来的能力就是信息处理能力；而寻求帮助则是为信息处理开展所从事的辅助活动，其中所体现出来的能力就是行为能力，也可表述为策略能力。调查显示，行为能力得分为 3.74 分，高于信息处理能力的得分。可见行为能力主导是学生学习力结构特征之一（见图 4-3）。这有可能说明在认知加工过程中，相较于直接的信息处理能力，学生更强于行为的策略能力。

2. 学生信息处理能力仍有待加强

从图 4-3 可知，在"双能力"结构中，学生的信息处理能力得分为

---

① 徐兵，等. 新时代背景下高职学生学习动力现状及分析［J］. 高等工程教育研究，2019（5）：144.

3.66 分，其得分较低。信息处理能力是认知执行系统中的核心能力，学生信息处理能力的不足是导致学生学习力水平不高的重要因素。

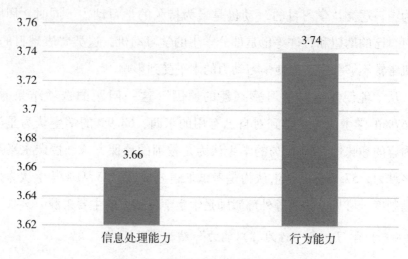

图 4-3 学生学习力"双能力"情况

学者薛维峰对学生认知风格进行研究，认为高职生擅长具象认知的比例远远高于本科生。他们中大多数人活泼好动，反应快，操作技能强。同时，他们比较厌烦文字性的东西，不喜欢学习书本知识，写作、阅读能力比较欠缺。

与抽象认知和形象认知两种认知风格相比，学生的具象认知风格具有以下典型特征：一是具体和直接。抽象认知风格的人擅长脱离具体事物进行抽象思维，形象认知风格的也可以脱离具体事物进行想象。而具象认知风格的人则很难脱离具体事物进行认知加工，他们只有在与具体事物的直接接触中才能掌握和理解事物的原理、规律。二是感觉和经验。具象认知的人不习惯使用大脑神经中枢的高级思维能力，而擅长或习惯使用感官系统，也许他们也具有很强的逻辑思维能力与想象力，但不习惯使用，只有在被逼无奈下才可能使用。感官系统的发达让具象认知的人对刺激和变化很敏感，在具体情境下容易获得关于具体事物的常识和经验。三是实践和行动。由于逻辑推理、综合分析等高级思维处于抑制状态，具象认知风格的人虽然不善于思考，但却非常善于行动，具有较强的操作、表演、运动等天赋，动手能力和肢体语言较为发达，在实践中内化知识与技能的能力较强。四是冲动和变化。具象认知风格的人属于感觉型认知，思维能力相对不足，因此他们的注意力不容易集中，喜欢新鲜、变化和刺激。感觉型认知也造成情绪多变、容易冲动等特点。冲动和变化都使得具象认知的人非常容易产生厌倦情绪，喜欢求新图变。以上特点决定了具象认知风格的人属于感觉主义者，对于高度抽象的文字非常不敏感，长时间接触文字、公式和其他抽象符号极其容易让他们产生厌倦情绪，由此容易导致他们信息处理的能力不足。他们更习惯和擅长采用直接、经验、操作的方式学习，在"做中学，学中做"①。

二、各因子分析

学生学习力各因子得分在 3.51—3.73 之间，总体上属于中等水平（见图 4-4）。从结构而言，各因子得分分布并不均衡，其中较高分为自我效能和实践性两个因子，较低分为表征力和学习意识两个因子。这说明学生在实践性和自我效能方面具有优势，而在表征力和学习意识上存在不足。

---

① 薛维峰. 高职学生认知风格特征及教学策略研究［J］. 教育与职业，2014（2）：177.

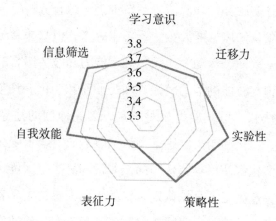

图4-4 学生学习力各因子得分情况

（一）学习意识因子分析

1. 基于兴趣的学习意愿不足

学习意识是指能够促使学习者产生较为持续稳定的学习意向的内在认知，其主要影响因素包括目标明确、专注、反思、知识有用性、有趣性、满足感等。调查显示，学生在学习意识因子上的分值较低，这导致了学生的学习意向较低。进一步分析发现，在学习意识因子的各影响因素中"有趣性"等因素得分较低（见图4-5），这说明学生未能在学习中找到兴趣和快乐体验，这可能是导致学生未能产生学习意向的重要原因。

2. 对知识有用性的认知较高

从图4-5中看出，在各影响因素中，知识有用性得分为3.8分，较其他各影响因素要高。这说明对于学习实用性的认知是促使学生产生学习意向的重要因素。学生学习的职业性特点使得他们将所学的知识自觉地对应着某一项技能，特别是随着技能水平的提升，对知识有用性的认知就会明显增加，这也会进一步提高学生的学习意识。

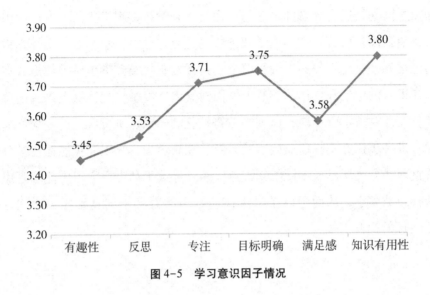

图 4-5　学习意识因子情况

（二）迁移力因子

1. 学生学习迁移能力不足

效率较高的学习者会在自身既有知识体系和新学知识之间建立连接，并通过知识一致性的基础，对知识进行延展，从而提升对新学知识的理解速度，这就是迁移能力。学生学习力因子中迁移力因子得分较低，为 3.67 分，这说明了学生迁移能力并不高。有学者研究认为理论课程比重的降低，以及授课中注重实际操作，从而导致了学生在理论概念抽象性的总结和延伸上相对不够，这是学生在知识外延拓展方面表现并不理想的重要原因。

2. 横向延展能力较低是学生迁移能力不足的突出表现

调查显示，在迁移力因子的诸多影响因素中"温故知新"得分最高，为 3.87 分。这说明学生对已有知识的延展性，即知识的纵向延展能力方面表现较好。在迁移力的诸多影响因素中"关联性探究"得分较低，为 3.5 分（见图 4-6）。这说明学生在横向延展性，即不同类别知识之间的延展上表现并不理想。由于受到学科课程思想的影响，我国教育包括高职教育对学生的学业评价的重点往往放在学生对事实性知识的记忆和外显化操作的把握情况上，这样便直接导致学生将关注点放在了知识点的记忆和操作的重复上，而对其内在复杂性规律缺乏深入的思考。在课堂教学中技能、原理等被符号化的知识点所替代，这也会影响学生进一步探究实际职业内容的兴趣。在教学中，知识和技能往往被分科整理并分类切割成不同的知识点，这就导致了学生在学习中能够延展的空间被缩小，从而阻碍了学生横向延展能力（不同类别知识之间的延展）的提升。

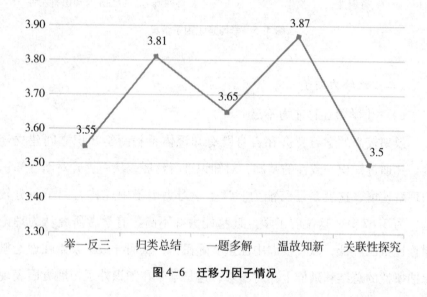

图 4-6　迁移力因子情况

（三）实践性因子

1. 学生实践性因子表现较好

调查显示，学生实践性因子得分为 3.8 分，是诸多因子中得分最高的因子。这说明实践性因子在学生学习力结构中占据着最为重要的位置。学习过程中包括了两个基本过程，信息由外界进入学习者内部，经由信息加工后形成认知再反映到外界，即信息进入和信息反应的过程。而信息反应就是一个实践的过程。实践性因子状况反映了信息反应环节的运行情况，其得分高说明了学生在学习过程中信息反应环节的效能更高。

2. "做中学"是实践性突出的关键要素

在实践性因子的诸多影响因素中，得分最高的是"边学边做"。这说明"边做边学式"的实践方式是学生学习的重要方式（见图4-7）。调查发现学生"对于怎么办感兴趣，而对于怎么办的原理和知识相对兴趣不大"，这有可能说明学生在学习过程中对信息反应过程响应热烈，但是对于将实践后的信息再次吸收入思维内部进行信息加工的关注不够，这会导致学生在实践后反思的能力相对不足。学习是一个互动的过程，包括了人与环境的互动、知与行的互动等。"做中学"恰好体现了中国传统"知行合一"的观点，这可能是推动学生实践能力提升，进而形成技术性优势的关键因素。

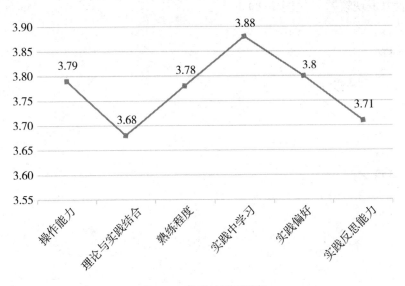

图4-7　实践性因子情况

（四）策略性因子

1. 学生在学习行为能力上具有优势

有效学习者善于制定策略，使得自己的学习进程充满效率。他们善于整合各种学习资源，也会根据实际情况采取不同的学习方式，并且会通过积极的自我评价及时调整学习方法。具有这种策略能力的学生能够有效地管理自己的学习行为，以促进学习效率的提升，并达成学习效果。学习行为能力不同于信息处理能力，却是信息处理能力的积极辅助能力，能够有效促进信息处理能力的发挥。学生学习力的策略性因子得分较高，说明其在行为能力上具有优势。

2. 学生善于建立学习互助关系

从调查数据看，学生在"建立学习互助关系"方面得分较高，为3.83分，说明学生善于通过团队学习或寻求帮助等方式促进学习有效进行。在"时间管理"方面得分较低，为3.57分，说明学生的时间管理能力表现较差（见图4-8）。

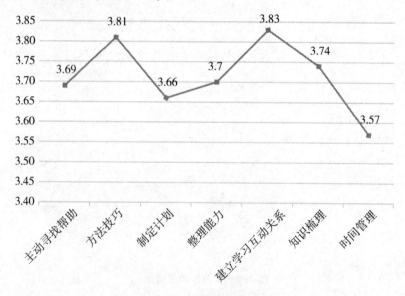

图4-8　策略性因子情况

　　现实考察中亦发现高职学生群体在人际关系能力和执行力上有较明显优势。高职学生群体在任务化的学习场景中，往往需要团队合作与协调才能顺利完成学习，加之高职学生群体与社会联系较为紧密，社会交往能力得到较好锻炼，因此在建立学习互助关系这个方面往往体现出较高水平。

　　（五）表征力因子

　　1. 表征力是学生突出短板

　　有效学习者具备将感性经验信息转化为理性符号信息的抽象能力，以及将理性符号信息转化为感性经验信息的还原能力，二者共同构成了表征力，是影响信息处理的极其重要指标。调查显示，学生的表征力因子在其所有因子中得分最低，为 3.48 分。这说明表征力是学生学习力中最明显的短板。

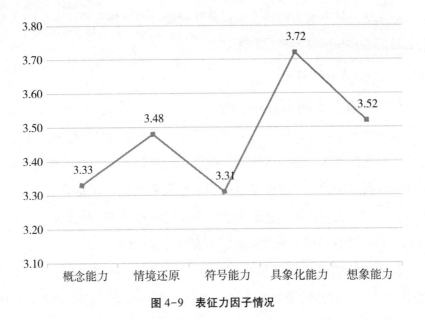

图 4-9　表征力因子情况

2. 抽象能力不足是表征力短板的重要原因

在表征力因子的各影响因素中"具象化能力"得分最高，为 3.72 分（见图 4-9）。这说明学生更擅长采用具象化思维的思维方式。相反，在"概念能力""符号能力"等方面得分较低，分别为 3.33 分和 3.31 分，这说明学生的概念抽象方面能力较弱。抽象能力是学科学习的核心能力，有研究表明，其在应试性的评价中发挥着极其重要的作用。不少高校仍然采用以期末考试为主体的总结性评价方式，这种评价方式虽然对于学生知识掌握有一定的检验作用，但是也容易引导学生将学习的重心放在老师考前划定的考点上，并以背诵的形式加以复习，而对知识的全面系统的理解投入精力不足，这在一定程度上影响了其在抽象化能力上的提升。学生抽象能力的不足同样会导致其应试能力的不足，从而影响学业评价，这也在一定程度上影响了学生的学习信心和积极性。因此，加强学生抽象能力的培养是提升其表征力的重要途径，也是提升学生学习信心和积极性的有效办法。

（六）自我效能因子

1. 学生自我效能能力相对较强

有效学习者具有控制自己情感的能力，从而保持自身精神状态的稳定性，即便在遭遇困难或者无序情况下依然可以在短时间内恢复状态，这就是自我效能能力。调查显示高职学生自我效能因子得分为 3.8 分，在诸多因子中表现较好，这说明学生具有较强的情感控制能力。

2. 抗挫精神是学生自我效能能力强的重要原因

在自我效能因子的各影响因素中"抗挫性"得分最高，为 4 分（见图 4-10）。这反映了学生有较强的抗挫折的能力。抗挫能力的养成和学生的成长环境以及经历有关，比如对于经济条件并不宽裕的学生来说，他们往往承受着较大的社会压力，包括家庭的压力和就业压力等。

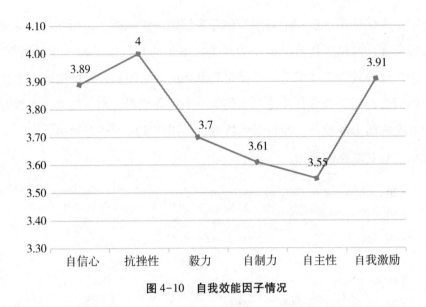

图 4-10 自我效能因子情况

在这个过程中他们往往锻炼了较强的忍耐力和抗挫折能力。这些都有利于帮助他们应对困难，同时提升其情感控制的能力，从而在一定程度上提升了其学习力①。

（七）注意力因子

1. 学生注意力表现相对较好

有效学习者对外界保持着开放性和敏感性，从而能够对信息进行快速识别和筛选，这就是注意力。调查显示，学生注意力因子得分为3.75分，在诸多因子中得分较高，这说明学生在注意力方面的表现较好，能够对外界保持敏感，并主动地关注和筛选信息。

2. 具象化能力较强

在注意力因子的各影响因素中"细节观察"得分最高，为4.09分，而"知识标记""信息关联"等因素得分较低（见图4-11）。这说

---

① 杨帅，薛岚，王超. 学情多元视角下高职学生学习特点及能力的研究［J］. 高教学刊，2016（20）：241.

明学生在信息筛选过程中对细节信息有较强的识别能力，而在将信息进行抽象标注及拓展连接上的能力较差。由于高职教育重视实际的操作，学生往往会较为关注细节，这使得具象化的能力得到较好的锻炼，也使得他们更善于将概念具体化联想到某一个任务或者实物。加之高职教育中对实践能力的重视，使得学生将理论运用到实际的机会更多，进一步强化了其具象化的能力。

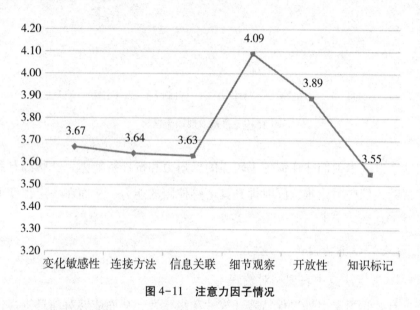

图 4-11　注意力因子情况

第二节　对比分析

一、高职学生与普通高等教育学生的对比分析

通过与普通高校学生的学习力状况进行对比分析，凸显高职学生学习力的特征和核心优势，这是本文采用的主要方法。以下将从结构和要素两个方面进行对比。

（一）意愿—能力"双螺旋"结构的对比分析

1. 二者在学习力类型上存在明显差别

对比发现，高职学生和普通高校学生在学习力意愿—能力"双螺旋"结构上存在明显差异。在此结构中，高职学生的学习意愿得分高于学习能力，属于意愿主导型学习力结构。与此相反，普通高校学生的学习意愿得分低于学习能力，属于能力主导型的学习力结构。这说明在意愿与能力相互作用产生能量的过程中，普通高校学生的学习能力起到更为主要的作用，而高职学生是学习意愿起到主导作用。因此，从结构上看，高职学生"动力"激发的空间较大，可通过教育引导，激发其更"想学"，进而促进其学习力的提升。

2. 高职学生学习意愿及能力均低于普通高校学生

经过对比，高职学生在学习意愿和学习能力上均低于普通高校学生。虽然在意愿—能力"双螺旋"结构特征上，高职学生学习意愿占据主导，但是就分值而言，其仍低于普通高校学生（见图4-12）。这说明在学习意愿和学习能力上，普通高校学生较高职学生都有优势。

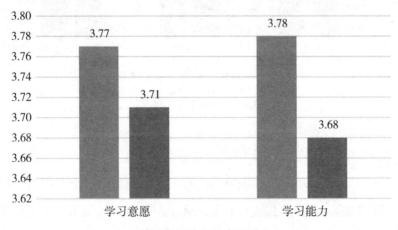

图4-12　意愿—能力"双螺旋"结构情况对比

（二）"三元"结构的对比分析

1. 二者在结构类型上相似

如图 4-13 所示，高职学生和普通高校学生在期待力—控制力—执行力"三元"结构的分布上大致相同，其中控制"力"的得分最高，其次是执行"力"，得分最低的是期待"力"。由此可见控制力主导型的学习力类型是二者共同特征。这也说明在学习的动力方面，无论是高职学生还是普通高校学生，学习的外动力明显起到主导的作用，二者都主要处于自我控制或自我激励的"坚持"状态，而非基于内在期望的"想要"学状态。

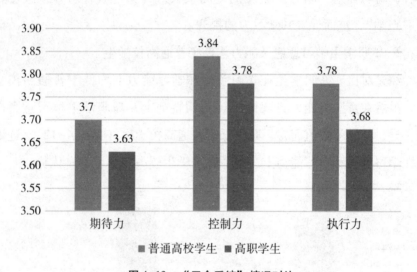

图 4-13　"三个系统"情况对比

2. 高职学生在三元力上均弱于普通高校学生

经过对比，高职学生在期待力、控制力、执行力三个方面得分均低于普通高校学生，其中在执行力上二者差距最大。这说明在这三个方面的能力特别是在最直接体现认知行为效率的执行"力"方面，高职学生较普通高校学生存在明显差距。

（三）"双能力"结构的对比分析

1. 二者在学习力类型上相似

在"双能力"结构上，高职学生和普通高校学生都表现为行为能力得分明显高于信息处理能力（如图4-14），说明二者具有相似的"双能力"结构类型，都是行为能力主导型，这和传统的学科课程模式相关。在传统的学科课程模式中，基于系统化教学的要求，课程安排往往按照先理论后实践的程序进行。一般是理论学习安排在前部分集中进行，后部分则针对理论知识集中开展企业实践。这种方式虽然保证了理论与实践都得到一定时间的安排，但是由于二者所开展的间隔时间较长，往往难以有效实现理论和实践互相结合、相互促进的目标。而这种理论与实践相对分离的教学方式使得理论信息与实践信息相脱离，难以形成需要将二者统一才能提升的信息处理能力。信息处理能力是执行系统中处理信息的直接能力和关键能力，提高信息处理能力是优化高职学生学习力"两种能力"结构的必然要求，也是二者共同面临的问题。

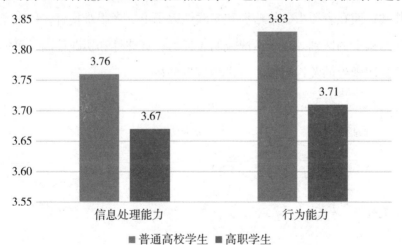

图 4-14 双能力情况对比

2. 高职学生在两种能力上低于普通高校学生

经过对比,高职学生在信息处理能力和行为能力上均低于普通高校学生,这说明在信息处理能力和行为能力上高职学生均弱于普通高校学生。在高职教育中,仍然存在模仿普通高等教育学科课程模式的问题。学科的课程模式对于系统化的知识体系构建有着积极的作用,但是由于高职教育特点的不同,简单照搬学科课程模式难以凸显高职学生面向职业而强调任务能力的特点且无法形成优势,使得高职学生在激烈的人才市场竞争中落败。因此,高职学生的人才模式应基于其自身特点,只有这样才能帮助高职学生形成比较优势。

(四) 因子层面对比

1. 学习力因子结构的对比分析

对比发现,高职学生与普通高校学生在学习力的结构上同时存在共性和区别(如图4-15),如在自我效能、信息筛选、学习意识、迁移力因子上,高职学生和普通高校学生的因子连线重合度较高,体现了二者的共性;而在表征力、策略性和实践性因子上二者很难重合,体现了二者在结构上的区别。以上情况说明表征力、策略性和实践性因子可能反映了高职学生的关键特征,将进行重点分析。

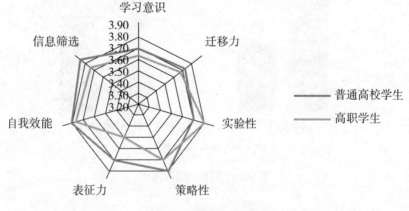

图4-15　因子结构比较

2. 高职学生对学习实用性的认知度更高

将学习意识因子的各影响因素进行对比后发现，普通高校学生在"学习有用感"选项中的分值略高，而在"学习有趣感"选项中的分值略低（如图4-16）。由此可见，在学习意识产生方面，对于高职学生而言，促发因素更多与兴趣相关，而对于普通高校学生而言，促发因素更多源于学习实用性，即普通高校学生在学习的动机上功利性更加明显。

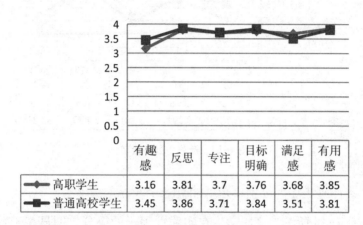

	有趣感	反思	专注	目标明确	满足感	有用感
高职学生	3.16	3.81	3.7	3.76	3.68	3.85
普通高校学生	3.45	3.86	3.71	3.84	3.51	3.81

图4-16　学习意识因子比较

3. 高职学生在学习应用的灵活性上表现较好

如图4-17所示，在迁移力因子的各影响因素对比中，普通高校学生在"举一反三""关联性探究"两个因素上得分较高，说明高职学生在发散性思维方面能力相对较弱。而在"一题多解"因素上，高职学生得分较高，说明其在解决问题方面灵活性较好。

目前学业评价的典型方式主要有两种，一种是以学科为基础的学生学业评价方式，这种评价方式往往侧重测试学生对理论知识完整性的掌握，并常常以纸笔测试的形式来进行，这种方式在了解学生对陈述性知识掌握程度方面最为简便和高效；另一种是以任务为基础的学业评价方式，这种评价方式将考察的重点放在学生职业能力的发展上，旨在更加全面地了解学生对程序性知识的掌握程度，这类评价方式所采用的考题比较注重知识之间的关联性，以及知识与任务之间的关联性。由于普通高校更偏于采用学科取向的评价方式，而高职学校同时采用任务型评价方式，这可能是导致两类学生在能力表现上存在差别的原因①。

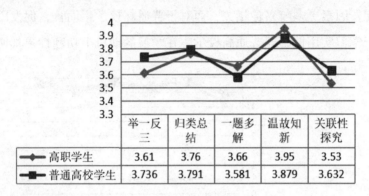

	举一反三	归类总结	一题多解	温故知新	关联性探究
高职学生	3.61	3.76	3.66	3.95	3.53
普通高校学生	3.736	3.791	3.581	3.879	3.632

图 4-17　迁移力因子比较

4. 高职学生实践性因子得分明显高于普通高校学生

如图 4-18 所示，高职学生在实践性因子的得分上明显高于普通高校学生，这也是高职学生在学习力诸多因子中得分唯一高于普通高校学生的因子。这可能说明实践性的优势是高职学生在学习力方面区别于普通高校学生的核心优势。在实践性因子的各影响因素上，二者差异较大。高职学生在"实践中学习""实践偏好""熟练程度"上的得分明显较高，而普通高校学生在"理论与实践结合""实践反思能力"方面更占优势。由此可见高职学生的实践能力较为突出，而普通高校学生在从实践中总结经验进而促进理论提升方面较有优势。学科导向的课程对于理论的体系化要求较高，往往较为关注显性的陈述性知识，该类型知识的核心集中在两个方面，即"是什么"和"为什么"。而任务导向的

---

① 刘虎. 由遮蔽走向真实：职业教育学生学业评价的反思与超越 [D]. 上海：华东师范大学，2014.

课程更加注重程序性知识的传授，这类知识往往是具有情境性的，更为关注"怎么办"的问题，这可能是导致高职学生在实践性上有着较好表现的原因。

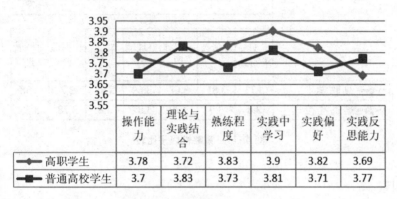

	操作能力	理论与实践结合	熟练程度	实践中学习	实践偏好	实践反思能力
高职学生	3.78	3.72	3.83	3.9	3.82	3.69
普通高校学生	3.7	3.83	3.73	3.81	3.71	3.77

图4-18　实践性因子对比

5. 普通高校学生在行为能力上高于高职学生

如图4-19所示，普通高校学生的策略性因子得分普遍高于高职学生。这说明普通高校学生较高职学生在学习策略性方面具有优势。但是，高职学生在"建立学习互助关系"方面的得分更高。这一方面与在教学中高职学生有更多的社会实践机会有关；另一方面，由于高职学生大多定位于毕业后直接步入社会，更愿意通过互助关系的建立提前锻炼社会能力，而部分普通高校学生有继续升学的打算，更在乎"专心"学习，因而相应地减少了人际交往。

6. 高职学生与普通高校学生在表征力因子方面存在较大距离

如图4-20所示，在表征力因子得分上，普通高校学生较高职学生优势明显，是二者在学习力诸多因子中得分差距最大的因子。同时，在表征力因子的诸多影响因素中，普通高校学生在"符号能力"和"情境还原"两个方面较高职学生优势最为明显。以上数据可能说明情境化能力是普通高校学生相较于高职学生在表征力方面具有明显优势的关

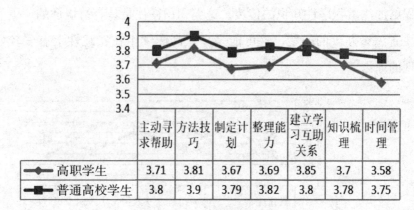

	主动寻求帮助	方法技巧	制定计划	整理能力	建立学习互助关系	知识梳理	时间管理
高职学生	3.71	3.81	3.67	3.69	3.85	3.7	3.58
普通高校学生	3.8	3.9	3.79	3.82	3.8	3.78	3.75

图 4-19　策略性因子比较

键因素。

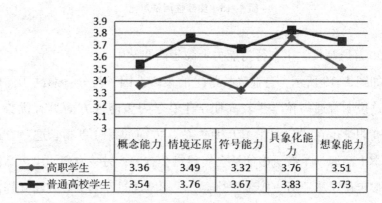

	概念能力	情境还原	符号能力	具象化能力	想象能力
高职学生	3.36	3.49	3.32	3.76	3.51
普通高校学生	3.54	3.76	3.67	3.83	3.73

图 4-20　表征力因子对比

7. 高职学生的抗挫能力较强

如图 4-21 所示，从自我效能因子的各影响因素上看，普通高校学生在"自主性""自制力"两个方面表现较好，而高职学生在"抗挫性"方面得分较高。这说明高职学生有着更强的抗挫忍耐性，而这种忍耐性使得高职学生在自我效能能力方面表现更好。

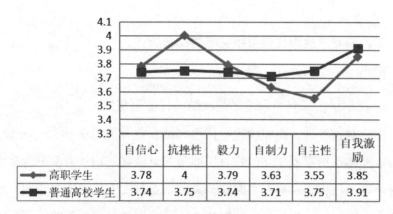

	自信心	抗挫性	毅力	自制力	自主性	自我激励
高职学生	3.78	4	3.79	3.63	3.55	3.85
普通高校学生	3.74	3.75	3.74	3.71	3.75	3.91

图4-21 自我效能因子对比

8. 高职学生在细节观察能力方面更有优势

如图4-22所示，普通高校学生的信息筛选因子得分高于高职学生。将信息筛选因子的各影响因素进行比较后发现，普通高校学生在"连接方法"和"知识标记"两个因素上略强，而高职学生在"细节观察"因素上得分更高。这可能说明高职学生在对经验事物的细节观察方面的能力较强，而在将信息知识化方面能力较弱。

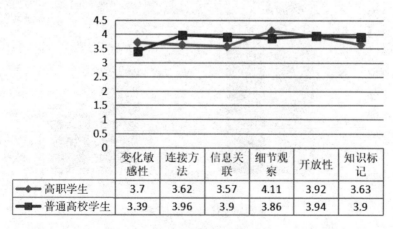

	变化敏感性	连接方法	信息关联	细节观察	开放性	知识标记
高职学生	3.7	3.62	3.57	4.11	3.92	3.63
普通高校学生	3.39	3.96	3.9	3.86	3.94	3.9

图4-22 信息筛选因子对比

二、高职学生绩优组与绩平组对比分析

(一)"双螺旋"结构的对比

1. 高职学生绩优组和绩平组在结构特征上相似

综合对比发现,高职学生绩优组和绩平组在意愿—能力"双螺旋"结构上都体现出意愿主导的特点,即学习意愿在结构上占据更为重要的位置。这不仅说明了学习意愿在二者的学习过程中发挥主导作用,也说明了学习能力的不足是目前两组学生学习力发展共同面临的短板问题。

2. 绩优组的学习意愿和学习能力都较强

绩优组的学生无论是学习意愿还是学习能力均高于绩平组的学生(见图4-23),这可能说明学生在这两个方面的表现对于促进学业成绩的提升有帮助。调查同时发现,绩优组学生的学习力结构更为均衡,这可能说明在学习意愿与学习能力的互动中,均衡的关系对学习成绩的提升有着积极的影响。

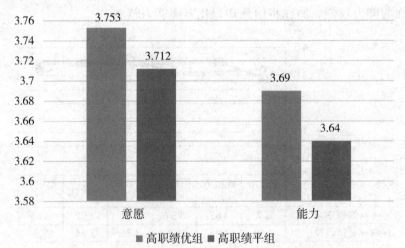

图 4-23 绩优与绩平组在意愿—能力"双螺旋"结构上的对比

（二）期待—控制—执行"三元"结构情况的对比

1. 两组在结构类型上相似

通过对比，绩优组和绩平组在期待—控制—执行"三元"结构的特征上基本相似，都是控制"力"主导，并且期待"力"得分最低，这说明绩优组和绩平组的学生都处于外动力驱动的学习状态。

2. 绩优组在三个方面都明显较强

如图4-24所示，绩优组的学生在期待"力"、控制"力"、执行"力"三个方面的得分均高于绩平组的学生，这说明学生在这三个方面的能力对其成绩有着积极的影响，也说明了学业成绩能够在一定程度上反映学生的学习力水平。调查还发现，无论是绩优组还是绩平组的学生，他们的三个"力"的得分从高到低依次为控制"力"、执行"力"和期待"力"，即控制"力"都是他们的最强项，而期待"力"都是他们的最弱项，这说明提升期待"力"是学生的普遍需求。

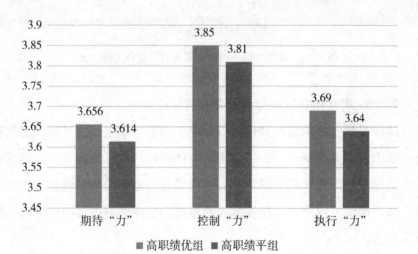

图4-24　绩优与绩平组在期待—控制—执行"三元"结构上的对比

（三）"双能力"结构情况的对比

1. 二者在结构特征上相似

对比发现，绩优组与绩平组的学生在两种能力的结构特征上类似（见图4-25），即都体现出行为能力主导的特点，这可能说明二者都存在信息处理能力不足的问题。

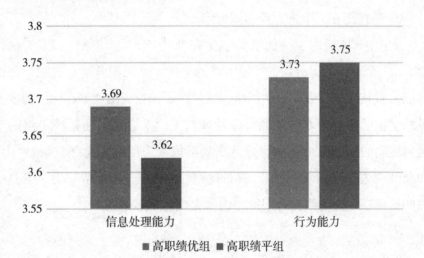

图4-25　绩优与绩平组在"双能力"结构上的对比

2. 绩优组在信息处理能力上有着明显优势

绩优组学生的信息处理能力得分高于绩平组学生，这可能说明信息处理能力对学业成绩有着促进作用。与此同时，在行为能力方面绩优组学生的得分反而低于绩平组学生，这说明行为能力未与成绩呈现正向关系，或者说学习成绩未必能够客观测量出学生在学习过程中所体现出的行为能力。

（四）因子结构对比

1. 绩优组在实践性和表征力两个因子上表现突出

通过对比发现，绩优组和绩平组在实践性和表征力两个因子上拟合度较低，而在其他五个因子的得分连线拟合度较高（见图4-26），这说明绩优组与绩平组的学生在因子结构整体上相似，而二者的区别主要体现在实践性和表征力这两个因子上。这可能说明实践性和表征力因子是影响学业成绩较为重要的因素。

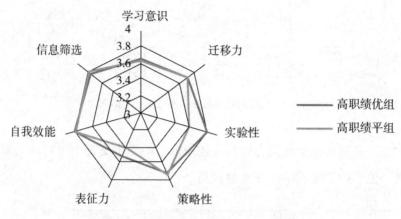

图 4-26　绩优与绩平组在因子结构上的对比

2. 实践性因子的对比分析

调查显示，在实践性因子的影响因素中除了"熟练程度"选项，绩优组在其他各因素的得分上都有明确优势（见图4-27）。由于高职学生的学习特点，实际操作在考试中占据较大比重，因此实践能力强的学生能在实践类考试中取得较好成绩，同时通过实践来反思的能力能够帮助学生提升理论学习和考试的能力。因此，实践性因子分值越高，则其学业成绩也会越高，这也说明高职学生实践能力的情况对其学业成绩具有显著的促进作用。

3. 表征力因子的对比分析

在表征力因子的诸多影响因素中，绩优组在"概念能力""情境还原"上占有优势（见图4-28）。这可能说明"概念能力""情境还原"和学生的学业成绩呈正相关。由于高校里仍经常采用知识点测试的评价

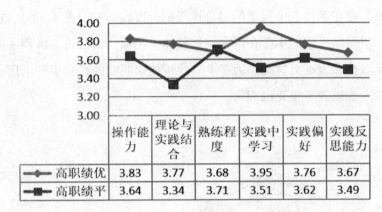

	操作能力	理论与实践结合	熟练程度	实践中学习	实践偏好	实践反思能力
高职绩优	3.83	3.77	3.68	3.95	3.76	3.67
高职绩平	3.64	3.34	3.71	3.51	3.62	3.49

图4-27　绩优与绩平组在实践性因子上的对比

方式，而具有较强概念能力和情境还原能力的学生更善于应对这类型的测试，他们的学业成绩往往也会较高。

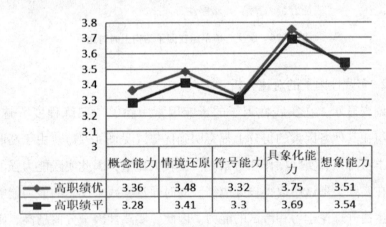

	概念能力	情境还原	符号能力	具象化能力	想象能力
高职绩优	3.36	3.48	3.32	3.75	3.51
高职绩平	3.28	3.41	3.3	3.69	3.54

图4-28　绩优与绩平组在表征力因子上的对比

第三节　考察推论

高职学生学习力总体状况如何？高职学生学习力有何优势特征？高职学生学习力的不足之处是什么？这些都是经过对高职学生学习力进行考察后需要回答的重要问题。学生学习力总体状况已在本章第一节中做出具体阐述，在此不再赘述。现就高职学生学习力关键特征和存在的不足做出如下推论。

一、高职学生学习力优势特征

所谓高职学生学习力的优势特征，其一方面需要能够体现出高职学生学习力的特点；另一方面能够体现出高职学生相对普通高校学生的比较优势。根据高职学生学习力与普通高校学生学习力在结构和要素层面的对比分析，本文认为实践主导性特征是高职学生学习力的优势特征。所谓实践主导性特征，指的是实践因子在学习力中起到至关重要的作用，进而影响并使得学习力整体上具有较强的促进实践能力的功能。

（一）实践主导的特征是高职学生学习力的优势所在

1. 高职学生在实践性上的表现优于普通高校学生

对比发现，实践性因子是高职学生在得分上唯一高于普通高校学生的因子，这说明实践性是高职学生所具有的较之普通高校学生最大的特点。结合高职教育的特点，实践技能也是高职学生在社会职场竞争中所体现出的关键优势。

2. 实践主导能够提升高职学生的实践能力

从实践性因子在学习力中的地位和作用发挥看，高职学生的实践性因子处于最突出的地位。实践性因子的突出性可能使得高职学生形成具有具象化思维特点的认知模式。如前所述,学习是一个信息处理的过程,其中包含了一个认知的三角循环关系(信息进入—信息加工—信息反应)。相对而言,普通高校学生更侧重于信息进入到信息加工的抽象化过程,而高职学生狂学生更善于认知向环境反应的具象化过程。这种具象化的思维方式源于高职学生在学习中对操作能力的培养和实践场景的关注,具象化的思维方式也反过来促进了高职学生实践能力的进一步提升。

(二) 实践主导的特征体现了高职学生学习的内在要求

高职学生学习力是高职学生学习的促进力,因此高职学生的优势特征应体现出高职学生学习力的特性和相关要求。

1. 实践性要求

高职学生学习本质上是一个个体与环境的互动实践,而高职学生学习力就需要促成此实践的顺利完成。根据高职教育的目标要求,高职学生的培养目标是成为熟悉职业场景,并具备较强任务能力的技术技能型人才。这就要求高职学校必须加强实践环节的设计,以培养学生的实践能力。同时,学习是一个知行互动的过程,在这个过程中知与行的互动本身也是一种实践。因此,突出实践的特性是在高职学生人才培养过程中的必然要求,而实践主导性的特征也自然成为高职学生学习力的关键特征。

2. 职业导向性要求

实践主导的学习力特征,因其有利于促进学习者具象化能力的形成而对学习者提升职业能力和养成技术性思维有帮助,这也满足了高职学生需要面向职业岗位培养相应能力的要求。

二、存在的主要问题

（一）高职学生学习力结构不平衡

1. 高职学生"想要"学的内动力不足

从高职学生学习力的期待—控制—执行"三元"结构看，各"元"发展并不均衡，其中期待"力"较弱，而控制"力"较强。这种状况具体表现为学生"想要"学的内动力不足，而处于"坚持"的外动力控制状态中。这就影响了学生学习主动性的发挥，从而影响其学习效果。

2. 高职学生信息处理能力仍需加强

从高职学生学习力的信息—行为"双能力"结构看，高职学生的信息处理能力仍然较弱，这制约了学习力作用的发挥。学习的过程本质上是围绕信息的处理过程，"双能力"中信息处理能力是直接能力，而行为能力是支持能力，只有两种能力均衡发展，高职学生"会"学的能力才能真正形成。

（二）高职学生学习力各因子水平仍待提高

高职学生学习力水平目前仍不理想，较之社会发展的要求仍有较大的提高空间。同时，高职学生学习力各因子的发展情况并不均衡，存在明显短板，如表征力因子及学习意识因子得分较低，这制约了学习力各因子协同作用的发挥。

小　结

本章从问卷调查和对比分析两个方面入手进行考察，试图了解学生学习力的现实状况。同时就高职学生学习力的优势特征和目前存在的主要问题推论如下：

一是实践性因子的主导性是高职学生学习力的优势特征。如前所述高职学生和普通高校学生在学习力的结构因子的构成上相似，都包含了同样的七类因子，但是各因子的地位却不同，由此带来了各自的区别和不同优势。实践性因子的主导性使得高职学生学习力体现出技术性的优势，因此实践主导型学习力是凸显高职学生学习特点和优势的学习力类型。

二是目前存在的主要问题在于以下两个方面。第一，从结构层面看，高职学生"想要"学的内动力不足、高职学生信息处理能力仍需加强是当前存在的主要问题；第二，从要素层面看，高职学生学习力总体不高以及学习力各因子发展不均衡是当前存在的主要问题。

通过问卷调查以及软件分析法对大量数据进行分析能够快速把握事物的总体规律，但是也有不足，如对个例的把握不够深入，对于一些无法量化表达的信息探索不够全面等。在下一章中将重点采用质性分析的方法开展研究，以期达到量化方法和质性分析方法相互补充、相互验证的效果。

第五章 案例的质性研究

第一节 研究设计

在前文量化研究的基础上，本章将采用质性分析的方法开展案例研究。一方面，质性研究将根据前文量化研究推论提出需要讨论的问题，以开展验证性研究；另一方面，结合质性方法的特点，将在案例分析中重点对以上问题产生的原因进行更为深入、细致的分析。通过量化方法和质性方法的结合使用，以期达到优势互补和相互印证的效果。

一、问题的提出

本章将以质性研究为主，根据前文量化研究的推论，重点从以下两个方面展开讨论：

一是高职学生学习力存在的问题及其原因分析，具体问题包括学生"想"学的动力不足、学生信息处理能力不足和学生学习力总体水平不高。

二是高职学生学习力优势特征分析，探索分析实践突出性何以成为高职学生学习力的优势特征，以及该特征如何形成高职学生学习力的独特优势。

二、研究的方法

质性研究是研究者立足于现实的情境，在参与研究对象活动的基础上更好地解释其行为意义以及内涵的研究方法，属于一种定性研究方式。和定量研究相比，其优势主要体现在以下几个方面：一是较为贴近教育对象的原生状态，数据收集较为真实；二是从微观层面分析，能够进行比较细致的描述和分析；三是采用开放式的材料收集方法，能够有效研究对象的态度和观点。

质性研究目前主要通过访谈法、观察法以及实物收集法来获取第一手数据。其中访谈法是最为常用的方法，其通过探索性交谈和询问的方式从受访谈对象那里收集最直接的信息。本文主要采用访谈法，并辅以观察法进行材料收集，然后基于质性研究中常用的扎根理论建构方法对资料进行梳理和分析，进而编码并探索关键概念之间的关系，探索学生学习力形成的相关规律。本文选择 NVIVO10.0 软件作为质性研究的软件。

三、访谈内容及对象

基于研究目标，结合已有的相关研究成果，笔者设置了半结构式访谈提纲（见附录 C：访谈提纲）。结合实际，共对 34 名高职学生进行访谈并观察他们的活动，访谈对象的基本情况如下表 5-1 所示：

表 5-1　访谈对象基本情况

分布	人数（名）	男生（名）	女生（名）
一年级	8	3	5
二年级	14	7	7

分布	人数（名）	男生（名）	女生（名）
三年级及以上	12	7	5
合计	34	17	17

第二节 案例分析

本章将在全面收集资料的基础上，提取反映现象的关键概念，然后通过探寻这些概念之间的关系进而形成相关的理论框架或观点①。笔者将 34 份访谈及观察记录转录成文档，共计 73764 字。为方便整理，将文档按"字母+编号"的形式加以标记，其中，字母表示访谈对象，编号表示记录顺序。根据材料，笔者采用逐级编码方法开展资料分析。

一、提取概念

提取概念阶段的任务是对资料进行初步的整理，通过现象分析、概念界定和范畴确定，完成内容淬炼，从而实现用概念和范畴来综合表现出资料中的主要信息的目标。

根据访谈和观察记录，在充分考察受访者的回答意境及内容的基础上，笔者将访谈记录"打散"成若干关键句或关键段落，然后对"打散"后的关键句或关键段落进行概念提取，如对于已"打散"而形成的例句"每天都很充实，有些疲劳，但又不会很累，学到很多知识理论，感觉自己在慢慢成长"，通过对关键词的梳理，结合受访者所表达

---

① 朱丽叶·M. 科宾，安塞尔姆·L. 施特劳斯. 质性研究的基础：形成扎根理论的程序与方法（第三版）［M］. 朱光明，译. 重庆：重庆大学出版社出版，2015：34-37.

的核心意思，将该例句的意思总结为"学习获得知识理论让我感觉到
自己在成长，因此感觉很充实"，提取概念为"充实"和"成长"（见
表 5-2）。经过整理，对所有关键句或关键段落共提取概念 147 个。

表 5-2　编码的部分例句

分析单元例句		提取概念
例句 1	每天都很充实，有些疲劳，但又不会很累，学到很多知识理论，感觉自己在慢慢成长	充实、成长
例句 2	我当时觉得学习是一件特别有趣的事情，它不仅可以丰富我的生活，而且在课堂上，我可以领会老师给我们讲课的内容，可以从中发现乐趣，不让我盲目	丰富生活、乐趣、避免盲目
例句 3	学习知识对我们有很大的帮助，即使是突发的状况和困难也能很快找到解决方法	很大帮助、解决困难、应对突发状况
例句 4	我知道学的内容多了总不是坏事	技不压身
	即使我现在所学的东西在以后的生活和工作上用不到，但如果学得明白这就是一种对我学习能力的肯定	是能力的肯定
	学习跟快乐是有关联的。当你将作品做好被老师赞扬的时候，你是感到快乐的	优秀作品、赞扬、快乐
…	…	…

二、开放性编码及形成范畴

为进一步淬炼概念，笔者将已提取概念（自由节点）进行归类，
形成类属节点（一级节点），如对于自由节点"充实""成长"归类为
"成长"一级节点；将"丰富生活""发现乐趣"归类为"丰富"一级
节点。经过整理归纳，共形成一级节点 30 个（见表 5-3）。

表5-3 一级节点内容

内容	个数
成长、丰富、好奇、成就感、挑战性、希望、值得、自信、榜样力量、比别人强、改变命运、更好的生活、好评、磨砺自己、实惠、应对压力、完成任务、操作性、问题导向、游戏化、氛围、规划、互助、举一反三、具象化、场景、刻意练习、模式化、实践性、重复	30

在一级节点的编码基础上，根据态度形成过程，通过聚类分析，将一级节点归纳为不同的范畴，即"想学"和"会学"，以"想学"为例，共包括了17个一级节点和46个自由节点。

"想学"可分为学习意识和学习情感，学习意识是基于期望或者经验所做出的判断或者决定（可简单地比作做或不做的问题）；学习情感是当实施学习行动时的心理状态（可简单地比作投入或不投入的问题）。前者决定了"学"与"不学"的问题，后者决定了"认真学"或"不认真"的状态。

三、选择性编码

编码指的是在全方位梳理概念间关系的基础上，依托明确的类属关系而确定核心类属，然后重新梳理材料，并以核心类属为中心建构关系，构建相应的理论观点。通过这一过程，笔者梳理出两个核心类属，分别是"想学"和"会学"（见表5-4）。

表5-4 核心类属及所包含的编码

核心类属	一级编码
想学	成长、丰富、好奇、成就感、挑战性、希望、值得、自信、榜样力量、比别人强、改变命运、更好的生活、好评、磨砺自己、实惠、应对压力、完成任务

续表

核心类属	一级编码
会学	操作性、问题导向、游戏化、氛围、规划、互助、举一反三、具象化、场景、刻意练习、模式化、实践性、重复

四、编码信度检验

为了保证编码的信度，随机选取 5 个访谈及观察记录分别由两位研究者独立编码，经过语义比较和表述比较，编码一致性在 75%~89% 之间，说明编码可信（见表5-5）。

表 5-5 编码一致性比较

材料来源	材料大小（字符）	一致性（%）
访谈记录 5	1675	75.4%
访谈记录 8	1298	82.6%
访谈记录 11	2805	88.1%
访谈记录 12	977	85.7%
访谈记录 25	1763	89.3%

第三节 结果与讨论

一、高职学生学习力存在的问题及其原因分析

（一）高职学生学习内驱力不足及其原因分析

所谓学习内驱力不足是指在学生的学习意愿中，控制"力"占据

主导而使得学生主要处于"坚持"而非"想要"的学习状态。

如前所述，在学习力的期待力—控制力—执行力"三元"结构中，高职学生的控制"力"得分较高而期待"力"得分较低，使得高职学生处于"坚持"学的自我控制状态下。这说明其"想"学更主要源于外动力而非内动力。在对案例所进行的质性研究中发现，在高职学生的学习驱力来源中，内驱力和外驱力的节点数量比例分别为 41% 和 59%（如图 5-1），这进一步验证了外驱力是当前高职学生学习主要的动力来源。

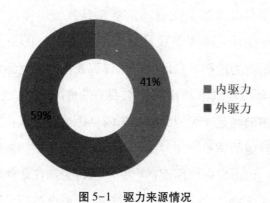

图 5-1　驱力来源情况

分析发现，产生这种状况的原因主要有以下两个方面：

1. 学习的正向诱因不足

对于高职学生学习内驱力不足的原因，驱力理论给出了较为合理的解释。驱力理论由学者赫尔提出，他认为驱力是生物体的一种内部状态，是生物体对自身生理需要处于失衡状态而产生的反应。当生物体的某种需要缺失而破坏了原有平衡后会产生某种心理上的刺激，生物体为了应对这种刺激会产生某种行为冲动（或称行为动机），即驱力被唤醒。

生物体的行为冲动要转化为行动还需要外部诱因的辅助。诱因是推动生物体去行动的刺激物，表现为有机体要趋向或回避的目标。在这个目标的指引下，生物体的行为冲动转化为具体的行动。诱因按其性质可分为正向诱因和负向诱因。正向诱因，生物体因趋向它而能够得到需求的满足时，这种诱因就是正向诱因，如奖励。生物体回避它而能够得到需求的满足时，这种诱因就是负向诱因，如惩罚。

正向诱因和负向诱因对行为动机影响的作用路径有明显的不同。一是产生行为的目的不同。正向诱因所产生的行为动机是开展正向行动以促成驱力的正向实现，即为了促成某种需求的实现。与此相反，负向诱因产生的行为动机是开展负向行动以避免导致负向体验的因素再次出现。例如，当学生面对"考试成绩好会得到表扬"的正向诱因时，会产生努力复习的行为动机，目的是强化得到表扬的成就感；而当外界诱因被个体解释为"考试不及格将会被批评"时，学生也会努力复习，但行为动机的指向则是避免因此而带来的焦虑再次出现，则此为负向诱因。二是行为伴随的体验不同。由正向诱因而产生的动机行为往往伴随着正向的体验，而由负向诱因而产生的动机行为则往往伴随着负向的体验。正如以上例子中，学生为减轻考试压力的焦虑感而采取更加积极的学习行为，然而在学习行为实施过程中一般会产生焦虑、紧张等方面的负面情绪。同时，因其为了避免某类状况的发生而往往表现出被动性的特征。与此相反，正向诱因引发的动机行为往往表现出主动性的特征，并往往伴随着积极体验。

由此可见，高职学生学习内动力不足的主要原因在于学生学习的正向诱因不足，而以负向诱因为多，学生基于物质激励或惩罚而形成的外部驱力成为推动学生学习的主要动力。学生以外驱力为主的驱动力结构，导致学生"想"学的主动性不够，而处于"我必须得学"的自我控制的紧张状态，在这种状态下学习并不容易带来正向的体验。

2. 忽略了学生"个性"的要求

目前高校在教学过程中对学生"个性"的重视不够，集中反映在以下两个方面：

第一，不重视学生行为责任的培养。主要表现在以下两个方面：一是老师在教学中较普遍采用灌输的方式，导致学生被动地接受知识点。越是"听话"的学生，往往能够取得越好的成绩，这样就容易导致学生责任的缺失（不需要负责），学生只要按部就班完成知识点的记忆即可，缺乏主动的思考。二是课堂上忽视了学生的主体地位（无法负责），学生按照统一的安排完成指定的任务，因其不需要承担主体的责任而阻碍了其自主性的发挥，学生由此容易成为雷同的"产品"。以访谈对象海南某职业技术学院学生所在会计专业为例，教学成效采用三方评价（学校、学生、企业），由学校评估学生的理论知识学习效果，由企业评估学生的技能水平，由学生与企业评估学校的办学成效。由于企业师傅的考评往往较为宽松，成绩评定的主要依据就在于学校考评的分数，由此也使得考试的成绩成为学生关注的最主要内容。虽然设置了学生与企业的评估环节，但是其往往以问卷形式进行，并间接性影响教师的满意度评分，对教学过程的实质性影响并不太明显，由此也未能达到发挥学生主体作用的效果①。

第二，忽视了学生内在情感需求。情感教育是指在教育教学中，通过发挥情感因素中的积极部分，在和学生进行情感交流的基础上，促进学生形成积极的情感体验。情感教育因为激发了学生潜在的情感动力，使得学生在求知和探索方面表现更加积极，从而激发他们形成乐观向上的个性品质，促使其形成健全人格。然而，在当前应试教育的环境下，教学过程中往往容易陷入"知识点"重复的歧途（只要在考试中能够

---

① 刘纯超，周滢，陈彩霞."1+X证书制度"导向下现代学徒制会计人才培养模式研究［J］.财会通讯，2020（4）：166.

完成知识点测试的目标，即重点在于完成认知教育），而忽视了人的"情感"。情感并未得到充分的尊重，"严师"方出"高徒"的思想普遍存在，教师对学生的严格管理成为紧抓教学质量的标榜之词。由于忽略了情感的支持和沟通，教学中往往产生许多不良的影响，学生与老师之间的对话成为以"知识"为目标的平淡传递而非人与人之间的沟通，因缺乏温度而使得课堂缺乏活力。情感不仅是内在的需求，还是师生互动的内在基础。教育的核心目标在于提升学生的学习积极性，强化学生学习行为意向，而激发其学习动机是其中关键所在。因此，必须充分发挥情感在教育过程中的重要作用，通过兼顾认知过程和情感过程，以此实现两者的高度协同统一。

（二）学生信息加工能力不足及其原因

如前所述，信息处理过程包括两个部分：一是信息处理过程，二是行为辅助过程。信息处理过程体现为信息处理能力，而行为辅助过程体现为行为能力。信息处理能力是信息处理过程的核心能力，信息处理能力不足会直接导致学生在"会"学能力方面的不足。

经调查，在学生的学习过程中，行为能力往往更被重视。如在例子"学生通过积极营造惬意的学习环境以更好地开展课文预习"中，复习课文属于信息认知过程，营造环境就属于辅助行为过程。经过对访谈梳理结果进行汇总发现，"氛围营造""做好规划""互助"等因素往往更受重视。这些因素往往属于行为策略部分（见表5-6）。它们往往能够被学习者所察觉，并更容易作为一种经验被传递，因此更容易受到重视和得到培养。相反，信息处理能力往往不易被察觉，对其培养往往难度较大，并且应试的考核方式和对其培养的条件要求较高也使得对于高职学生信息处理能力的培养存在不足。

表 5-6　学习力因子对应关系表

序号	对应因子	影响因素	对应数量
1	策略性	氛围、规划、互助、刻意练习	25
2	迁移力	举一反三	6
3	实践性	实践性、重复、操作性、问题导向	17
4	表征力	模式化	8
5	具象化	游戏化、具象化、场景化	14

1. 应试考核弱化了信息处理能力的培养

在认知过程理解方面，表征是非常重要的概念。可以这样理解，知识表征过程本质上是在思维层面上的活动，学习者通过表征过程精准把握事物本质和内在演进规律，以此实现习得知识的目标。同时，表征可以指代某种东西的符号或信号，即当某一事物不在场时，它能代表该事物，这使得学习者的认知过程得以开展高度抽象的思维活动。因此，表征能力是影响信息处理能力水平的极其重要因素。

应试考核的方式强化了对知识点的记忆，而这个过程却简化了认知感知系统的信息收集环节和信息反应环节，从而简化了表征的过程，进而弱化了信息处理能力的培养。因为知识点是经过提炼的抽象概念，可经过记忆的方式形成存储，应试中的学生不需要再经实践去验证和理解知识点的现实意义，仅需要回忆提取并"复述"，通过标准答案的匹配得到评价。于是，表征过程的简化也使得表征能力的训练得不到有效进行。

另外，课堂学习作为一种标准化的学习模式，由于其高度概括化的知识点体系简化了知识表征的过程，形成了知识点记忆。对于知识点的"应试"与"实际运用"毕竟是两个概念，其中根本差别就在于是否需要在具体情境中进行还原。在应试状态下记忆的提取过程往往体现为信息输出，由此信息处理能力并未完全得到调动。于是，只要能够提高时间的使用效率，并准确地记住关键的概念，这便是"应试"取得高分的技巧，而这些过程就体现为策略性的行为能力，行为能力也因此得到重视及培养。

2. 信息处理能力的情境要求增加了其培养的难度

学习要达成帮助学生建构意义的目的，需要让学生对所学事物的内涵、规律以及事物内部或事物之间的关系有着深刻的理解，这种理解表现为大脑中存储的"图式"。因此，学习的成效应该体现为学习者建构意义能力的情况，而不是学习者重述课程知识点的能力。按照情境理论，信息的加工需要一定的情境，学习的过程如果脱离情境，学生信息还原的通路不畅，就会导致对信息处理过程训练的弱化，进而导致信息处理能力得不到有效培养。同时，由于部分学生的学习目标是为了应付书面的考试，则其学习的过程不是情境还原，而是针对某项目标的技巧。他们往往通过加强时间管理、提升应试策略等途径提升考试成绩，这也凸显了学习中行为能力过程而非信息处理的作用，进而引导学生更加注重行为能力的培养而弱化了对信息处理能力的关注。

3. 基于"课本"的教学方式忽略了信息处理能力的培养

根据建构主义理论的观点，学习者只有在原有知识体系的基础上，通过和新知识建立连接进而建构新知识的意义，而情境是完成上述过程的关键所在。目前，高职课堂中仍存在基于"课本"进行单纯讲授的情况，由于脱离了真实的、丰富性的情境，学习者的意义建构缺乏必要现实支持，信息建构能力得不到有效锻炼。

第一，单纯课本式的教学割裂了知识与生活的连接。根据学者杰罗姆·布鲁纳（Jerome Bruner）的观点，学习者在既有知识体系的基础上不断连接新知识，从而实现知识获取的自主性，其结果是知识体系的不断完善，并形成比较完善的认知结构。认知结构对于学习者的行为至关重要，有利于赋予知识和经验更多规律化意义，使得学习者能够有效组织已有经验信息，哪怕在当前信息不足的情况下依旧可以通过推理而触类旁通。认知结构的建立和完善的过程往往需要知识与现实场景的连接，由于是经过萃取的"精华"，这些经验和知识必须结合例子回到现实才能更加生动和完整，然而由于教学进度的要求，或者考核范围的限制，在实际的学习中往往是对"纯粹"知识的记忆。例如在访谈中，有被调研者提到"我最大的困扰就是我的记忆力不好，无法记住操作的流程，因此考试成绩较低"，在进一步了解得知，该生并未进行实际操作演练，而只是对书本的流程图进行记忆以应对考试。虽然学生将考试成绩不理想的原因归结为"记忆力不好"，但是由于缺乏场景的连接，学生无法理解其中的关系，因而无法形成对此的认知结构，这是更为主要的原因。可见，如果知识脱离了生活或者情境，就会缺乏"活力"，对此的学习也会出现"营养"吸收不足的问题。

第二，单纯知识点式的记忆阻碍了学生信息处理过程的有效完成。布鲁纳认为认知结构形成一般需要经过三个对信息处理的阶段，第一阶段是获取新知识，包括对既有知识的总结以及获取全新的知识，通过新知识的进入，为知识体系的更新创造了条件。第二阶段是整合，在新知识融入认知结构的过程中，新旧知识开始整合，学习者可以对其进行形式转化，以满足知识整合需求，通过这种方式而实现知识的不断积累。第三阶段是评价，这是对知识整合的一种检查，对知识的合理性进行校验，经过评价后认知结构得以完善。知识点式的记忆，由于缺乏任务过程而无法实现各阶段的有效衔接，不利于新旧知识的整合，因此无法有效达成认知结构完善的目标。以上文中提到的访谈内容为例，学生因为只是记忆书本上的流程图，而未在实践中操作，所以无法完成新旧知识整合后的评价，故此未能有效完成信息处理过程，也无法实现自身认知结构的更新。

（三）学习力总体水平仍有待提高

作为一个综合性概念，学习力具有高度的复杂性和系统性。对学习者而言，构建学习力是面向未来的，有利于其形成终身学习的目标并开展相应行动。学习力的提升是一个系统过程，需要教与学的共同配合。从目前看，高职院校中对学生学习力的重视不够、相关的培养体系尚不健全、存在以"教"代"学"的现象是导致学生学习力总体水平不高的重要原因。

1. 缺乏学习力考核的具体量化标准

学生学习力的培养并未受到足够重视，调查发现学校在开展教学活动中专门针对学习力的相关评价和考核指标并不多见。一般而言，应对结果考核的关键往往在于学习者对陈述性知识的记忆情况，由于缺乏相应的学习力评价指标，学生在学习过程中的行为意向、学习能力、学习状态等内容往往没有得到足够关注，因而针对性的培养工作也无法开展。

2. 缺乏必要的培训课程

学习力是一个综合体，包含诸多的影响要素，其提升受到个体思维、自我意识以及社会环境等要素的综合影响。同时，对于其中的学习能力的培养不仅需要个体在知识内容上形成积淀，更需要针对思维方式开展专门的训练。但是学校中这类课程或者培训较为少见，一般的实践由于缺乏系统性的设计和针对性，效果也并不理想，这也是影响学生学习力提升的原因。例如，某访谈对象所在的物流管理专业，其课程体系采取"公共基础课 + 专业课（专业基础课 + 专业核心课） + 专业拓展课"的模式，基本上是围绕"专业"开展内容讲授的，极少涉及针对学习能力提升的相关课程或培训。

3. 教学中存在以"教"代"学"的问题

在高职院校的课堂上，布道式的、灌输式的教学方式仍然是普遍存在的，这样学生的学习就容易成为一个接受传输、复述知识点的过程，以"教"代"学"的情况因此产生，具体表现为以下两个方面。一是责任的代替。教学过程往往存在这样一种思想，学生只要听老师的安排就能取得好成绩，这就导致"教"的责任取代了"学"的责任，忽视了学生的主动性和责任心，久而久之学生缺乏了自主的责任，逐渐形成了"学习就是听从安排"的思想和习惯。二是过程的代替。在教学过程中老师希望将更多的知识更快地教给学生，于是往往将知识"嚼碎了""喂"给学生，由此忽略了学生自我"咀嚼"的过程。学习是一个主动建构的过程，没有自主的过程就无法形成知识，而只能是对知识点的"记忆"。加之部分高职院校由于缺乏"双师型"的教师队伍，所讲授内容"营养不足"，这些都影响了学生学习力的培养。以海南某高职院校物流管理专业教研室为例，其目前有 16 名专任教师，只有 2 名教师所学专业与物流紧密相关，大部分教师都是"半路出家"，缺乏理论与实践结合的深厚功底，这使得他们在上课时难免出现"单纯的理论讲授"情况，这就容易导致学生吃到"夹生饭"，无法将课堂知识与工作场景实现有效连接，于是学习过程就变成了"记忆"以应付"考试"①。

学习是一个教学互动的过程，学习力的提升需要"教"与"学"的有效配合、相互促进。"教"以促"学"，即只有让"学"的主动性充分发挥，学生学习的意愿和学习的能力才能得到真正发展。

二、高职学生学习力的优势特征分析

高职学生学习力的优势特征就是高职学生学习力中所具有的体现特

---

① 陈松，惠青. 校企协同创新视角下高职物流管理人才培养的 SWOT 分析及发展策略研究——以海南经贸职业技术学院物流管理专业为例 [J]. 中国管理信息化，2020（11）：228-229.

点，起到关键作用并能够帮助其带来比较优势的特征。

（一）实践主导性是高职学生学习力的优势特征

所谓实践主导性指的是实践性因子在高职学生学习力诸多因子中的突出位置而使得高职学生学习力整体体现出实践性的特征。实践性因子的主导性主要体现在以下两个方面：

1. 实践性因子本身的突出性

在前文的现实考察中，在高职学生学习力各因子中实践性因子得分最高，并且在与普通高校学生学习力结构对比中，高职学生学习力中实践性因子也是唯一一个高于普通高校学生的学习力因子。由此可见，实践性因子在高职学生学习力各因子中的突出地位。

2. 实践性对其他因子的导向性

导向性首先体现在实践性因子对其他因子方向性的引导。职业教育即面向职业的教育，高职教育与普通教育的基本差别正是在于其以职业为导向的知识应用性。就是强调学生的学习最终为了更好地应用于实际，应用所学的知识以解决企业在生产和管理中的实际问题是职业教育的根本要求①。由此，学习力其他因子的作用发挥最终也导向于学生的具体实践。导向性还体现在实践性因子对其他因子功能上的影响。作为学习状况的综合表征，学习力以结构化的形式存在并发挥作用。实践性因子在功能上的影响力就体现在其不仅是其他因子发挥作用的条件，还能进一步放大其他因子的效能。以"策略性"为例，强大的实践能力不仅能够帮助策略的实施，还能够在实践中通过经验总结和方案调整，实现策略能力的提升。

（二）实践主导性源于高职教育的技术性特性

技术性是高职教育的基本属性。按照国际通行标准，技术指的是完

---

① 袁广林. 对高等职业教育本质属性的再认识［J］. 教育探索，2010（5）：13-14.

成产品生产而必备的系统知识、特定工艺或者配套服务。可以产生经济效益的知识均可以被认为是技术，其关键的特征在于知识的实用性。科学是关于探索自然规律的学问，是一个复杂的知识系统。大致可以这样总结，科学是一种探究事物发展规律的知识体系或者认知结构，技术是为了带来效益而基于这个知识体系的实际运用，科学与技术是一对相伴而行又各据一端的概念。高职教育作为培养技术性人才的教育，其技术性在教育上的主要表现为：

1. 对技术知识的传播

首先，通过分析职业教育的发展历程可以发现，职业教育在长期发展过程中虽一直处于动态变化中，但其无时无刻不与技术有着直接或间接的关联。例如，在第一次工业革命爆发之后，工业生产进入规模化阶段，传统的学徒制度无法满足这一社会关系的要求而逐渐被淘汰。为适应生产力发展要求，德国首先开办了具有职业教育属性的学校，以正规教育的方式来促进技术传播。经过了工业革命之后，知识和技术在生产中的地位和作用不断提升，特别是在经过两次世界大战之后，越来越多的国家认识到技术的战略价值，这些因素都在一定程度上加速了现代职业教育的完善，技术从此走上了历史舞台，并步入中央位置。教育和技术之间的关系，经历了一个逐步发展的过程，从隐含其中到显性结合，再到后来技术成为教育中的一个极其重要的内容，职业教育作为一种典型的教育形式的产生正好反映了这样的一种深刻变化。因此，高职教育作为职业教育重要的部分与技术知识的传播密不可分。

其次，从高职教育的基本内容看，技术知识是其核心内容。高职教育的核心目标在于提升学习者的职业适应能力，并获取相应的职业资格和认知。相较于普通高等教育，技能传授是高职教育的核心特征。在科学技术日新月异，社会经济发展不断提升的大背景下，科技作为第一生产力的价值日益凸显，对于促进社会发展和经济建设的正向作用被广泛认可。国际之间的经济竞争逐渐演变为技术的竞争，而技术的传承又最终需要教育发挥作用，通过技术知识的传播培养高技术技能型人才是社会对高职教育的基本要求。

2. 对"技术人"的培养

首先，这是技术性知识传播的要求。因为技术知识具有难以用语言表达的默会属性，这就要求技术知识的学习不同于科学性知识的学习，而具有其特殊性。技术知识的学习无法通过老师教、学生学的单向传递实现，而是老师和学生一起面对共同的任务，通过合作与对话的方式，实现教师与学生知识结构共同完善，进而提升能力。因此，这种传授必须通过实践来进行①。技术作为高职教育的核心主线，是人类改造自然的方法的集合，是探索如何"做"的知识系统，这就要求老师在教学过程中除了让学生完成专业知识的积累，更要注重学生将知识转化为企业生产力的能力，而这种技术性知识的传递离不开实践性的支持②。因此，职业教育中对职业人的培养离不开实践性的支持。

其次，这是"技术人"培养的要求。高职教育需要将"自然人"转变成"技术人"。根据个体发展规律，人必须通过一系列系统学习或者必要改造才能成为技术主体，进而获取相应的技术价值。通过高职教育，个体被赋予了一种理解和掌控技术的能力，在技术创新或者技术变革的基础上积极探究价值实现路径，并由此通过高职教育来成为技术主体，进而实现技术价值③。因此，技术教育是高职教育的核心所在，为此其必须突出实践性的要求。

---

① 倪钢．技术哲学新论［M］．北京：中国环境出版社，2009：10.
② 孙琳，李里．职业教育的本质属性与发展模式选择［J］．中国职业技术教育，2006（4）：13.
③ 唐锡海．职业教育技术性研究［D］．天津：天津大学，2014.

（三）实践主导性特征能够有效促进高职学生形成技术性优势

高职教育技术性的特征并不等于技术性优势，高职学生学习力的实践主导性特征因其将实践的作用充分发挥，有利于默会知识的生成和技术性思维的形成，而这恰好有利于促进高职学生形成技术性优势。

1. 实践有利于默会知识的积累和生成

默会知识也被称为内隐知识，是一种只能意会不能言传的知识，这类知识往往不容易通过语言符号清晰表达，但在日常生活中广泛存在并被自觉运用。比如我们能够轻松地控制奔跑的姿势，但是不容易用言语将这些知识清晰表达出来。现实中，技术性知识在很多情况下只能通过实践获取，并大量表现为默会知识。分析发现，高职教育中实践性特征在刻意练习的作用下有利于促进认知过程中系统 1 和系统 2 的循环迭代，进而促进默会知识的积累和生成。

如前所述，根据丹尼尔·卡尼曼的研究理论，我们的大脑存在着两种不同的思维方式，分别是系统 1 和系统 2，系统 1 往往在潜意识状态下运行，对于熟悉的问题模式往往采用自动处理的方式。经过系统 1 的处理后，部分信息进入系统 2 运行，系统 2 的运行往往处在显意识下。系统 1 在自动响应后往往自动形成判断并通过大脑系统指挥开展相应行动。在学生的学习过程中系统 1 和系统 2 对信息的处理和响应的模式相差较大。例如在访谈中，"对于此项（操作），我觉得就是自然而然的做法，感觉非常流畅，甚至不需要通过大脑"，对于非常熟悉的环境或任务，学习者往往能通过系统 1 自动响应并处理，此时系统 2 往往处于未激发或未充分激发状态，因而形成了潜意识下"行云流水"的感觉，这就好比我们一些娴熟的动作甚至来不及思考就完成了。

同样，我们可以通过另一个访谈案例来了解系统 2 的运行模式。"这个问题我从来没有遇到过（课程实训），我仔细观察机器各指标的变化，在仍然找不到原因后，我只好去找老师傅帮忙"，对于一些不熟悉的环境或者任务，系统1无法根据已有处理模式进行自动响应，这时往往会触发其进入系统2进行信息处理，如"仔细观察"或"找老师"帮忙，此时学习者处于显意识的精力集中状态。当问题被解决，并经过训练使得处理模式更新完成，即此类问题已转化为"熟悉问题"而进行自动响应后，再次出现此类问题时则系统1自动响应，可能将不会触发系统2运行。

系统1和系统2的"切换"往往也是一个自动响应的过程，人脑系统往往会根据"熟悉"程度决定切换时机，这也是大脑资源"自动优化"的结果。虽然这种"自动优化"能够节约大脑资源，但是存在一个弊端，即当一次学习任务完成往往会出现"自动休眠"的状态。

在访谈中还发现，当这种实践经过学习者的有意识实施后则能够有效促进系统1和系统2的循环，从而迭代优化系统1的自动响应能力，这种自动响应的能力至关重要但又往往不能够被自我意识，属于所谓的"默会知识"。如图5-2，在信息处理的三角关系过程中（信息进入—信息加工—信息反馈），学习者与客观世界建立联系。学习者将信息收集进行加工形成认知，再将认知结果反馈到客观实际中进行知识运用或者知识验证，信息反馈的过程就是实践的过程。高职教育中实践性的凸显使得学生开展更广泛的实践，由此强化了信息反馈。在这个过程中，新的信息再次进入加工形成新的认知，新的认知再通过实践反馈到客观世界，如此便有效地促成了认知过程的循环。经过有意识的信息反馈实践，系统1和系统2在往复迭代中促进了自动响应能力的优化，其作为一种极其重要的"默会知识"得以积累和生成。

2. 实践有利于技术性思维的形成

"技术人"的关键在于技术性的思维。与抽象性思维相对应，技术性思维的特征主要体现在其更有利于强化具象化的过程。科学是反映规

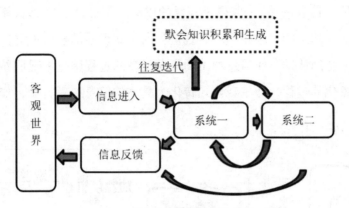

图 5-2 默会知识的积累与生成

律的知识体系，技术是为了带来效益而基于这个知识体系的实际运用。因此，个体在学习活动中，强化抽象化过程更有利于其科学化思维的发展，而强化具象化的过程往往能够促进其技术性的发展。高职学生在学习活动中，因为强化了具象化过程而使其更具有技术性的思维得到培养，并使得其在此方面更具优势。

如前所述，学习过程本质上就是人与客观世界的交互，其以信息为中介，并可以简单划分为信息进入、信息加工、信息反馈三个阶段。以访谈的案例为例，"老师给我们布置了一个任务，为了解决困难，我查阅资料，到工厂里了解情况，终于明白了原理，然后通过学习，我掌握了工作的方法，然后运用于实践，完成了任务，得到了高分"。老师布置任务由此触发任务启动，经过查阅资料和实践了解（信息进入），我明白了原理，形成了自己的方法（信息加工），并运用方法完成了任务（信息反馈），任务结束。又如"为了取得好的成绩，我认真听讲，查阅相关资料，仔细思考，最后明白了原理和关系，在考试和实践考核中取得了满意的成绩"。为了取得好的成绩由此触发任务启动，经过查阅资料和听讲（信息进入），"我"明白了其中的原理（信息加工），并参加考试（信息反馈），取得了满意的成绩，从而任务完成。其中信息进入到信息加工的过程相当于客观世界向主观世界的抽象过程，即将信息抽象为主观认知；而信息加工到信息反馈的过程则是主观世界向客观世界具象化的过程，即主观认知转化为具体的信息或者行动，如图5-3所示。

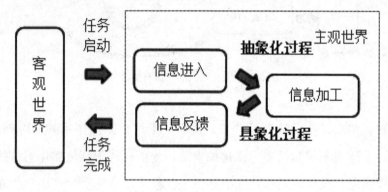

图5-3　信息加工过程

由此可见，信息加工过程本质上就是主观世界与客观世界的连接，从客观世界进入主观世界形成认知是抽象化的过程，从主观世界还原或者实践到客观世界是具象化的过程。访谈发现，高职学生的实践性特点往往体现为其在认知行为中具象化的过程优势，如"问题导向""善于解决实际问题""动手能力强"等。高职学生学习力结构的实践主导性特征不仅对于"默会知识"的生成起到促进作用，还因为具象化的过程强化而促进了高职学生技术性思维的形成，以上两个方面的共同作用，促进了高职学生形成技术性的优势。

综上，经过案例质性研究发现，高职学生存在以下三个主要问题：一是学习内驱力不足，其原因主要是学习的正向诱因不足，教学中忽略了学习者"个性"的要求；二是信息处理能力不足，主要原因包括应试考核弱化了信息处理能力的培养，信息处理能力的情境要求增加了其培养的难度，基于"课本"的教学方式忽略了信息处理能力的培养；三是学习力总体水平仍有待提高，其原因包括缺乏学习力考核的具体量化标准和缺乏必要的培训课程。

同时，案例质性研究还发现，实践主导性是高职学生学习力的优势特征，表现为实践性因子本身的突出性，以及实践性因子对其他因子的导向性。实践主导性特征能够有效促进高职学生形成技术性优势，因为其有利于学生"默会知识"的积累和生成，以及其技术性思维的形成。

以上研究结论与前文量化研究得到的推论基本吻合，由此，前文推论得到印证。

小　结

本章在前文推论的基础上，采用质性研究的方法开展案例研究，并从以下两个方面入手对推论进行了验证：

一是高职学生学习力现实问题及其原因的探索。高职学生学习动力不足的主要原因在于学生学习的正向诱因较少，而以负向诱因为多，学生学习动力目前主要是外部激励、惩罚约束等，缺乏内在驱动力。与此同时，学校教育中存在对学生"个性"的忽视是学生学习内动力不足的另一个重要原因。高职学生信息处理能力不足的主要原因是针对应试的考核，从客观上弱化了对信息处理能力的需要，信息处理能力的情境增加了其培养的难度，基于"课本"的教学方式忽略了信息建构能力的培养。学习力总体水平不高的原因在于高职院校中对学习力的作用及其发挥重视不够，相关的培养体系尚不健全。同时，以"教"代"学"的思想影响使得学生学习主动性弱化了。

二是高职学生学习力的优势特征分析。实践主导性是高职学生学习力的优势特征。实践性因子的主导性一方面体现在实践性因子本身的突出性，另一方面体现在实践性对其他因子有导向性。技术性是高职教育的核心属性之一，而技术性在很大程度上决定了高职教育的实践主导特征。因此，高职教育必须突出实践性的要求。一方面这有利于技术性知识的传播；另一方面这也是"技术人"培养的要求。实践主导性特征能够有效促进高职学生形成技术性优势。不仅在于高职学生学习力实践主导性特征有利于"默会知识"的积累和生成，其还有利于技术性思维的形成。

第六章　学生学习力的提升策略

　　制定策略就是针对主要着力点制定并完善工作方案以实现某一目标的过程。制定策略的关键点包括了设定目标、找到着力点、确定方案、方案实施及调整等环节。

第一节　目标及主要着力点

一、设定目标

　　学生学习力提升是一个系统工程，站位于人才培养的角度，学习力提升一方面要遵守学习力发展的规律，另一方面要综合考量各教学主体对人才培养的要求。

　　（一）国家及社会发展对人才培养的要求

　　要提升中国品牌的竞争力，需要我们不断进行产业升级与创新，而要实现上述目标离不开高技术技能型人才的大力支持，这些都离不开高质量的职业教育。特别是为了适应中国制造 2025 战略的一系列要求，高职教育被赋予了更高的历史使命，即为社会主义现代化建设培育高素质的技能型人才①。与此同时，随着学习型社会的发展，有着终身学习理念的学习型人才也是国家及社会发展对人才的基本要求。

（二）行业及市场对人才的需求

高职学生进入行业市场，同样面临着来自普通高等学校相关专业毕业学生的竞争。目前，高职教育一定程度上参照了普通高等学校办学的模式，难免存在培养模式雷同的问题，由此也使得其培养优势不突出，这就导致高职学生在人才市场竞争中无竞争优势。具有较高技术技能水平是高职教育人才的培养目标，也是使得高职学生具有竞争优势的条件。因此，培养符合自身情况且具有竞争优势的高职学生是高职院校需要回应行业及市场发展状况而做出的必然选择。

（三）个人自我发展的要求

按照马克思的观点，人分成两类，一类是"个性的人"，即在社会关系中具有独立、自由个性的人；另一类是"偶然的人"，是在社会关系中没有独立自主性的人。人的发展过程本质上是由"偶然的人"向"个性的人"的转变过程，在这个过程中人的需求得到充分尊重，能力得到全面发展，个性得到充分张扬。高职学生通过学习，根本上也是为了更好地促进自我的发展。在高职学习阶段，高职院校自然就承担起帮助学生全面发展的任务。

综上，结合前文分析，高职学生学习力的提升目标可依学习力的结构层次细化如下：

一是要素层面，要实现学习力各因子的综合发展，进而促进学习力水平的整体提升。各因子的综合发展不仅在于补齐因子短板，还需要发挥因子的协同作用，才能促进因子整体提升，从而满足个人全面发展的

---

① 聂家林．中国制造2025背景下职业教育人才培养的思考［J］．教育管理，2019（24）：148．

要求。

二是结构层面，要促成学习力结构的优化。通过优化高职学生学习力的三大典型结构，使得学生具有"想学"意愿，有终身学习的动力；具有"会学"能力，能够开展自主学习；具有明显的技术性特征，实践能力突出。这样才能既满足社会对学习型人才的需要，又满足学生应对行业竞争性的要求。

三是价值层面，要促进职业人的形成。职业人的关键标准在于德才兼备，"德"强调人才具备满足时代要求的价值观，并在职业道德方面严格要求自己，同时具备独立精神。"才"强调高职学生能够具备工作岗位对于技术水平快速发展的要求，并且具备精益求精的匠人精神。二者综合使其成为既符合时代要求，遵守职业道德规范，又具备独立个性精神，立足职业，追求卓越，不断成长的人，从而满足国家对人才的培养要求和个人的价值需求。

三个层次目标的实现分别促成学习力三个层次内容的发展，共同推动高职学生学习力水平提升，进而推动符合国家、社会、行业、个人共同需求的高职人才培养工作。

二、主要着力点

所谓着力点是指在提升策略构想过程中需要重点关注和解决的障碍或问题。对着力点的归纳与分析需要以实现目标为导向，同时需要以扬长避短为原则，即需要综合考量如何改进当前高职学生学习力发展中存在的不足，以及如何促进当前高职学生学习力独特优势的发挥。基于前文的分析，本文认为主要的着力点有四个：

（一）解决内驱力不足的问题

根据前文中关于高职学生学习力的现实考察分析，高职学生的学习动力以外驱力为主，存在学习内驱力不足的问题，并主要表现为基于任务而非兴趣的学习、缺乏学习主动性等①。以上问题发生的原因有多个方面。从理念层面看，以"学生"为中心的理念在教育中未得到充分的落实是主要原因。理念是行为的先导，灌输式的教学方式，基于教材而非学生的实际情况的课堂等，这些都是未做到以"学生"为中心的表现。从制度层面看，应试教育虽然有标准统一、公平规范、简单易行等优点，但其答案刻板、脱离情境的缺点同样存在，这些也极容易使得学生的学习动机受到扭曲，学生在追求分数的过程中忽略了解决实际问题本身的乐趣。从执行层面看，在教与学的过程中，为了迅速达成提高分数的目标，教师往往采用短期的物质激励或惩罚等手段，这些都会使得学生的学习兴趣被忽视，取而代之的是情感的自我控制，学生在为了避免某种后果的发生而进行自我控制的压力状态下，学习成为一种应付式的行为，甚至成为简单的机械记忆。这样的学习往往不能持续，因为一旦成绩提升的短期目标达成，学生的学习行为就会终止（见表6-1）。

表6-1 内驱力不足的问题

原因类型 / 现状	表现	原因		
		执行层面	制度层面	理念层面
学习内驱力不足	非基于兴趣的学习	灌输式教学、物质激励或惩罚而形成的外部驱力	应试教育	以"学生"为中心未落实
	缺乏主动性	对人"个性"的忽视		

（二）解决信息加工能力不足的问题

许多高职院校的教学方式存在"参照"普通高等学校的情况，因此未能充分体现高职教育中"做中学"的特点，这样就使得高职学生

---

① 刘颖，郭靖. 天津市高等职业院校学生学习力现状调查 [J]. 职业技术教育，2014（23）：53.

在表征能力上落后较多，而在技术技能水平上优势又不明显。导致这一问题的原因在于高职教育中仍然较为缺乏培养学生学习能力的意识，如教学中仍主要以知识量是否增加的结果为导向，往往忽略了学生思维能力的训练。学业评价主要针对"学到了什么"，而对于"怎么学到的"能力却缺乏评价和关注。这样也容易导致学习成为对理论的记忆而脱离了生活和场景，从而使得基于具象到抽象，以及基于抽象到具象的过程得不到强化，导致了高职学生信息加工能力培养的不足① （见表6-2）。

表6-2　信息加工能力不足的问题

原因类型 现状	表现	原因		
		执行层面	制度层面	理念层面
信息能力不强	理论与实践结合不够	脱离工作场所学习	校企合作育人体系不成熟	缺乏学习力培养的意识
	表征能力不足	抽象能力训练不足 针对应试的考核 情境增加了其培养的难度 基于"课本"的教学方式		

（三）解决实践性学习力的整合优势未形成的问题

高职学生在实践性方面虽然表现突出，但是以实践性因子为核心的高职学习力整合优势没有形成，这使得高职学生学习力的实践性优势未能转化为其竞争性优势。这些问题具体表现在理论学习与实践存在脱离情况，影响了认知系统中信息进入与信息反馈的迭代循环，使得实践性因子无法有效协调各因子，发挥协同效应。究其原因，一方面是教学中还存在与内容脱离的情况，包括学习和场景的脱离、知识点和任务的脱

---

① 何应林．高职院校技能人才有效培养研究［D］．南京：南京师范大学，2014.

离等；另一方面是校企合作育人体系还不成熟。这些都使得高职院校在教学中存在理论与实践脱离、实践与场景脱离的情况，突出实践的教学优势无法充分发挥，实践性因子无法发挥整合优势，实践主导型的学习力类型无法顺利形成①（见表6-3）。

表6-3　整合优势未形成的问题

原因类型＼现状	表现	原因		
		执行层面	制度层面	理念层面
实践性特色未凸显	理论与实践脱离	做中学不足 工作场所学习不足	校企合作机制不健全	
	因子的相互支持度不足	割裂型学习 模块化教学系统整合不够		

（四）解决学习力水平整体提升不足的问题

学习力各维度发展参差不齐，结构不均衡，各因子未能协调发展，影响了学习力整体水平。目前，高职教育仍存在以"教"代"学"的现象，部分教师认为学生学习主动性差，因而需要通过加强纪律和考勤管理等方式将学生"管"好。对学生的情况研究不够，对学生的情感关注不够，未能有针对性地开展教育。并且，高职教育中仍缺乏系统化的学习力评估体系，对学习力各个方面也缺乏针对性的培养②。这些都是导致高职学生学习力整体水平不高的原因（见表6-4）。

---

① 李艳. 技术知识生产的路径——高职教育教学改革的一项实证研究［D］. 上海：华东师范大学，2018.
② 白娟，周丽，檀祝平. 高职学生学习力评价体系构建研究［J］. 中国职业技术教育，2018（23）：36-37.

表 6-4　整体提升不足的问题

原因类型＼现状	表现	原因		
		执行层面	制度层面	理念层面
整体提升不足	学习力结构不均衡	对学习力的重视不够		
	总体水平仍待提高	针对性训练不足相关的培养体系尚不健全	以"课堂知识"为主的考核体系	存在以"教"代"学"的现象

　　以上各着力点中，解决学习意愿不足的问题是先导，因为学生"想"学，这是学生开展学习活动的起点，也是学习力整体发展的基础。解决信息加工能力短板是关键，其能大大提高学生"会"学的能力。解决实践性优势未发挥的问题是核心，唯有如此，才能发挥高职教育的特点，帮助高职学生形成比较优势。学生学习力总体不高的问题也是一个重要的问题，对这个问题既是前面诸问题解决的结果，又是前面问题解决的条件。因此，本文中对于以上问题的关注顺序为：首先关注并试图解决学生学习意识不足的问题，其次关注并解决其表征力的短板问题，然后重点关注并解决实践性优势未充分发挥的问题，最后综合解决整体提升的问题。本文将在后续的经验借鉴部分重点考察以上问题，为制定策略提供参考。

第二节　经验借鉴

一、经验选取

本文将选取部分典型经验进行对比分析，以期对学习力提升策略提供借鉴。为了使得借鉴的经验更具全面性和实践性，经验或做法的选取将兼顾国内外的分布，但重点侧重于国内经验。选取的标准主要有以下几个方面：一是经验相关性，二是得到普遍认可性，三是经过检验并取得一定效果的。本文对经验和做法的选取范围未局限于针对高职学生的经验，但是会在经验梳理中对实践环节给予重点关注。

（一）部分国外经验

1. 德国"双元制"

德国在 1948 年首次将"双元制"应用于职业教育领域。根据"双元制"的规定，职业教育主体一方面要通过职业学校的教育，掌握必要的理论知识；另一方面则是通过校外实训场所的检验，获取职业所必要的职业技能。在二战之后，德国经济快速复苏，德国制造享誉全球，而"双元制"无疑是实现上述目标的关键所在。德国"双元制"的典型做法主要有以下几个方面：

（1）工作场所学习

在德国人看来，单纯的学校本位职业教育是脱离生产实际的，必须通过在企业实际工作中的练习，学习者才能习得真正的职业技能。同时，企业中的练习不仅仅是为了学习知识，还是一个学习者成为社会一员的社会化的过程，这个过程是学校本位教育中无法给予的。学习者在掌握了职业知识后通过企业实践，不仅有利于将职业知识转化为工作技能，还能够培养相应的职业素质，为成长为成熟的职业人奠定基础。

（2）个别化教学

在工业革命之前，个别化教学一直是一种主要的职业教育方式。随着工业发展对人才的大量需求，班级授课制因其能够大大提高人才培养的效率而逐步走上舞台。但是班级授课的形式在提高育人效率同时存在忽略学生个体之间的差异的问题。因为按照统一的授课标准和进度，班级授课的形式无法兼顾学习者个人的具体情况，也无法结合个人情况给学习者提供个性化的指导。早期的学徒制中，师徒往往共同在劳作中实现技术传授，这种教学模式为个别化教学创造了良好环境，可以实现因人而异的教学。德国的"双元制"教育将二者有机整合，结合岗位具体要求，设计具体的培育框架和计划，结合个人实际开展实践教学，弥补了班级授课制的不足，使学徒可以得到更为个性、精准细致的培养。

（3）以能力为导向的评价

在这一模式中，学徒在培训中期需要完成中期考试，在培训即将结束时需要完成结业考试，考试活动主要由行业协会成立的考试委员会负责。考试委员会往往包括了工会代表、企业代表等，考试重点关注学生掌握知识与行业发展的匹配程度，保证了考核评价的能力导向。

2. 澳大利亚现代学徒制

二战之后，为了增加更多的就业岗位，政府通过整合传统学徒制和受训生制度而构建了现代学徒制度，该模式强调企业和学校的合作，在工学结合的基础上培养职业人才。学生在学校和企业两处进行学习，较为有效地培养了既有一定理论知识又有实践能力的产业工人。TAFE（Technical And Further Education，即职业技术教育学院）学院是现代学徒制度的承担主体之一，学生职业教育20%的时间需要在TAFE学院中度过，并根据TAFE学院的教学安排而学习专业知识；企业是另外一个承担主体，占据了学生80%的职业培训时间，主要为学生提供必要的实习场所。学习者在完成学校和企业的双重资格认证后获取相应证书。澳大利亚的现代学徒制度得以顺利实施，得益于整体框架设计，包括以下几个方面：

（1）资格框架

澳大利亚政府综合各方面因素而构建了相应的资格框架，明确了其社会职业体系，并进一步确定了职业对应的任职资格以及相应的技能标准。实践表明，资格框架的推出对于统一澳大利亚各州人才培养的标准具有重要价值，学习者在通过获取资格认证的证书而得到全国认可，从而摆脱了地域限制，实现全国通行，增加了职业资格证书的含金量。通过这种方式，一方面有利于确保职业资格的平均水准，防止不同机构对于资格证书质量出现认知偏差；另一方面，社会成员职业资格通过这一框架和职业发展紧密相连，通过设置完善的准入标准为教育和职业培训的深度融合创造了良好条件，有利于提升各个领域的人才培养质量。

（2）职业培训机构认证框架

对于各个培训机构而言，职业培训机构认证框架是开展评估管理的有效框架。根据澳大利亚的相关规定，个体只有通过特定机构的培训，才有可能获取相应的资格证书。培训机构可以是公立的，也可以是私立的，但是都必须获取相应的资格认证。澳大利亚基于职业培训机构而构建了比较完善的职业教育体系。无论是公立培训机构，还是私立培训机构，都必须通过相关教育机构的认证，才能发挥职业培训的功能。培训机构资格认证的内容包括师资力量、培训资源丰富度以及培训软硬件条件等，在资格审查的基础上判断机构的合法性和规范性。同时，澳大利亚高度重视培训机构的培训，所有培训机构都必须以年为单位，向主管部门申报相关材料，并以三年为周期进行认证和登记。如果培训机构没有通过资质审查而开展培训业务，则需要将其视为违法行为。由此，职业培训机构认知框架在制度层面上为培训质量的改善创造了良好条件，大大提升了职业培训的规范性和有效性。

（3）培训包

在澳大利亚联邦政府的统筹下，政府、行业协会以及继续教育机构协同合作构建了相应的培训内容纲要体系，即培训包。职业资格教育的等级、类型不同，培训包所对应的内容也存在显著差异。培训包可以被认为是一种指导性文件，其中说明了每一个资格证书的能力、技能要求、掌握程度，并对资格的考试要求有明确规定，为职业培训指明了方向。培训机构必须按照培训包的要求，根据当地行业和学员特点，将培训包转化为培训内容，培养每一名学员。这样既保证了培训的统一性，又突出了各行业的特点，使得职业教育的规范性得到极大提升。①②

在以上体系中，资格框架是基础，认证框架是保障，而培训包则是具体的实施指南。三者有机协同，形成了一个较为完善的框架体系③。

（二）部分国内经验

1. 情境教学

情境教学是一种试图避免知行分离的教育方式，不少研究者们对此开展了深入的研究和实践，其中李吉林算是其中的一个代表。他的研究成果取得较好的实践效果，并得到广泛的好评。他对情境教学模式进行了重点论述，并以学习者教育为切入点，探索构建中国情境教育学习者学习的范式。其主要做法包括以下内容：

（1）境中学

境中学其实就是营造一个适合学生学习的"境"，在这其中，学习者在熟悉、亲切的情境中受到潜移默化的影响，过往的经验与新知识相融合，理性与感性形成相互联系的整体，起到积极的推动效果，从而促进学习者开展学习活动。在这个环境中，通过周围环境与学习者心理共鸣的设计，激发学习者学习的自主性。同时，利用环境暗示的方式，通过无意识状态下的引导，用情感激发理性，并达到相互交织互促的作用。

---

① 刘超，高益民. 作为终身学习评价体系的澳大利亚资格框架［J］. 比较教育研究，2009（3）：33.

② 王晓华. 澳大利亚职业教育制度设计及启示［J］. 清华大学教育研究，2011（1）：120-124.

③ 董仁忠，杨丽波. 澳大利亚职业教育与培训系统演变——基于政策的分析［J］. 外国教育研究，2015（2）：108，114-116.

（2）境中做

生活是教育的源泉，教学活动离不开生活实践，真实的生活场景有利于学生根据生活经验来认识知识，并突出实践效应。镜中做就是以生活为教材，通过身在其中进行实践和体验从而达到教育的效果。立足于生活的镜中做需要把握"真、美、情、思、行"五大关键要点。所谓"真"就是让学习者体验一个真实的世界；"美"意味着学习过程中伴随着美好的感受；"情"指的是通过润泽情感，充分调动学生的主动性，生成学习的内驱力；"思"意味着鼓励学生开展想象以激发其创造力的形成；"行"就是要通过实践的形式将以上内容有机联系在一起，通过具体事项的完成和抽象思维活动，把形象思维与逻辑思维有机结合，激发内在智慧的生成①。

（3）"心理场"构建

个体心理状态和周边空间环境息息相关，因此，优化学习空间对于改善学习者效果至关重要。优化学习空间的关键并不在于自然空间的改造，而在于营造一个有利于学习的场景，因其主要通过影响学生的内心感受而发挥作用，可将其理解为构建"心理场"。学习者在这个经过设计的具有美感的情境中感受到快乐，进而促进了认知活动和情感活动的融合，从而提升了学习的效率，并在学习中体验到乐趣所在。②

2. 以生为本的改革

郭思乐等学者提出了"生本教育"的改革项目。它的核心理念在于将课程再造，从而实现将"教"转化为"学"，再把"学"转化为"玩"，以此促使学生在学习过程中体验乐趣③，其主要做法包括以下内容：

---

① 李吉林. 中国式儿童情境学习范式的建构［J］. 教育研究，2017（3）：94-95.
② 李吉林. 40 年情境教育创新之路［N］. 中国教师报，2018-12-26（11）.
③ 郭思乐. 改革核心：课程与教学的再造［J］. 人民教育，2015（4）：21，24.

（1）突出学生的"学"

"生本教育"认为要想提高"教"的质量，以此来实现"学"的目标。"教"只是途径，"学"才是根本。因为学生要学会任何知识及技术，最终必须依靠自己内化才能实现，所以教学的关键是学生在课堂上切实发挥主体作用，真正实现自主学习。因此，教师在生本教育课堂上应当适当降低讲解的占比，并且提出更多有价值的问题，让学生产生思考。同时要给学生充足时间对此进行探讨，并进行交流。学生就是在这样的思考、探讨、交流和展示中获取知识和成长的。

（2）让课堂归属于学生

"生本教育"的课堂是学生自主探究的课堂，其核心理念是先做后学，先学后教，不教而教。"生本教育"强调突破传统的教学模式，让学生在课堂上发挥主导作用，通过调动学生的责任感和主动性，让课堂变得自主、活跃。通过布置前置性作业，并要求小组在课堂上分别进行陈述和交流，进而提高课堂的效率。学生是课堂的主角，教师作为指导者，需要给出恰当的指导，辅助学生开展自主学习。在"生本教育"课堂上，学生的思考和探索取代了传统的"填鸭式"教育。同时，为满足"生本教育"的基本要求，课程以及教材都需要进行调整，采用"小课程，宽期限，大实践"的方式，即突破教材局限，扩展学生的学习空间，同时鼓励学生自由探索和实践，鼓励学生将知识活学活用。

（3）摆脱短期应试框架

"生本教育"试图构建以"学生"为核心的课堂，并强调教师的辅助作用，主张先学后教，不教而教。这种教育方式认为学生对于知识的掌握是基于自己的思考，是在互相启发、质疑下实现的。评价学生学习好与差的指标是学生长期的成长而不是短期知识的掌握量，因此要求摆脱短期的应试为主的考核方式，代之为学生综合素质的成长情况。同时，这种方式要求摆脱单纯课本知识的局限，将日常生活作为核心教育资源看待，鼓励开展生活教育，重视激发学生的创新思维和培养解决具体问题的能力。

（4）突出感悟教育

"生本教育"认为，对于学生而言情感的发展比基本知识的获得更为重要，情感成熟是学生的精神成长的关键标志。情感的形成在于学生感悟的升华，因此在教学中要保留足够思考时间让学生讨论、思考，并注意对其进行引导以帮助他们形成正向的感悟①。

3. 关于构建"学习共同体"的探索

时长江等学者开展了构建课堂"学习共同体"的探索，并指出课堂"学习共同体"的构建就是教师、学习者以及助学者等组成目标统一的学习团队，他们在一定的情境中，通过建立互助共享的关系网，依托于课堂进行交流，实现意义构筑和关系确立。② 要实现"学习共同体"构建，需要抓好以下几个关键点：

（1）情境设置

情境设置是指通过设计，学生置身于知识对象关联的具体情境中。在情境中，学生不仅仅是去谈问题或者解决单一的问题，而是去体验实际的任务场景。而这样的具有真实感的体验能让学生们提升解决实际问题的能力，还能让学生对学习更加感兴趣。能够产生真实体验的任务场景可以是一个真实的世界，也可以通过课堂外的世界或媒体链接的形式营造出来，无论何种方式，重要的是要让学生置身其中并开展思维活动。情境设置让课堂回到"真实"成为可能。

（2）团队学习

团队学习是课堂"学习共同体"发挥作用的重要形式。首先，通

---

① 张玲. 生本教育及其在教育中的应用［J］. 基础教育研究，2016（16）：7.
② 时长江，刘彦朝. 课堂"学习共同体"教学模式的探索——浙江工业大学《思想道德修养与法律基础》课建设的研究与实践［J］. 教育研究，2013（6）：150-152.

过团队组建，为学生间交流合作创造了良好条件。其次，设置具有挑战性的问题，这样可以有效引导团队合作。学生无法单独地完成复杂的任务，这为合作奠定了现实基础。团队成员们在共同解决复杂问题时，相互交流，探讨争辩，并不断地达成共识进而找到解决问题的方法。最后，要善导冲突。团队的合作中，成员们难免会发生争论和分歧，这就需要教师作为引导者发挥作用，这将有助于团队的进一步融合和共识达成。

（3）协商对话

构建多元的话语空间，鼓励学生摆脱某一角色定义、某一学科领域的束缚，通过不同角色和学科领域间对话以拓宽学习视域。在"学习共同体"中，大家相当于在一个社会情境中进行合作，成员们共同面对问题，协商各自的观点和立场，发表自己的观点，发挥各自的特长，这种合作式的交互促进了观点的碰撞和建设性意见的达成。在教师与学生之间，通过协商，打破了固定的角色定义。教师不仅可以通过对关键概念进行拓展性解释，承担起引导者的角色，还可以在学生们无法达成统一，或者遭遇探讨瓶颈时给予点拨，承担起支持者的角色，甚至在学生们讨论后形成新观点时给予开放性接纳的接受者的角色。不同学科领域学生之间，通过协商交流，摆脱了单一的学科视域。根据发展区理论，组织成员的最近发展区具有一定独立性，通过协商对话，每个成员在收获成长后不断达到"最近发展区"，并形成新的发展区，经过多次类似的进程最后达到共同的"最近发展区"，共同体的学习价值得到放大，为成员们提供更为广阔的机遇。

（4）"作品"呈现

在"学习共同体"中，包括教师和学生，每一个成员都是知识的提供者，也是其中的受益者。学习的过程就是各成员智慧的共建、共享的过程。每一个成员都为形成共同体的集体文化以及实现共同目标发挥着各种的优势。在这个过程中，共同体形成共识，并以"作品"的形式在课堂公开展示出来。展示形式丰富多样，可包括演讲、报告、讲课等，通过引发课堂讨论，师生们在讨论中形成评议，共同体成员一方面对自己作品进一步思考和评估，另一方面通过解释和梳理，进一步明晰逻辑，形成共识。

二、经验对比

为了便于经验对比，以下将分别从执行、制度和理念三个层面入手将各类经验进行对比分析。对比分析将采取列表法进行，详见表6-5。

（一）理念层面经验梳理

1. 突出学生的主体地位

"生本教育"实践十分强调要突出学生主体地位的理念，提出"教"是外因，"学"是内因，内因是外因发挥作用的前提条件，只有充分发挥了学生的主体作用，提升教学质量才可能实现。基于此，"生本教育"实践要求教师课堂上不再是简单的讲解，而是抛出有价值的问题。教师通过发挥引导学生自主发展作用而成为教育的主体之一，通过鼓励学生自由讨论、成果展示、合作、质疑，让学生获取见解，提高分析和解决问题的能力。德国"双元制"中对个别化开展教学的方式也体现了以学习者为中心的理念。这种方式将以"教"促"学"的进步设定为目标，根据"学"的具体情况而制定与之相匹配的教学策略，为更有针对性地"学"创造了条件。

表 6-5 各类经验对比

经验＼层面	执行层面	制度层面	理念层面
双元制	工作场所学习	学习领域设计、过程评价	学习者为中心、个性化教学
澳大利亚现代学徒制		制度框架设计	培养学生个性，注重能力提升和身份认知培养
情境教育	情境中学做思、心理场的构建、游戏化设计		
生本教育	颠覆课堂、情感教育	呼吁摆脱短期应试框架	突出学生主体的理念，先学后教不教而教，培养学生个性、快乐学习
学习共同体	课堂情境设计、课堂协商关系建立		

对学生而言，通过个别化教学可以获取更加细致的指导，纠正了班级授课方式对于学生个体之间的差异忽略，进一步强调了对学习者实际情况的关注，调动了"学"的积极性，也提高了"学"的针对性。

2. 为了学生的个性和能力的发展

"生本教育"提出"不教而教"的理念，认为课堂应当成为学生的课堂，努力避免学生被教材、考点、老师意志所"绑架"。应把学生生活中所遇到的一切都当成是教学中的资源。鼓励学生在相互的质疑中开展讨论，最后达成共识。这种教育方式强调掌握知识的关键在于是否基于自己的思考，而不是取得多少的分数，要求摆脱应试的框架，要时刻关注学生在学习过程中的成长。澳大利亚现代学徒制的教育要求中十分注重学生的能力提升和身份认知，认为应在社会文化和行业教育中形成合力，学生在职业教育中形成职业身份的认知，从文化层面上融入个性的发展，从能力和精神品质上提升职业素质。

　　教育理念是教育活动的思想指引，是教育中所有措施和做法的基本导向，起到为教育实践定标的作用。上述各种观点虽然角度不尽相同，如部分观点强调的是学生的地位和关系，而部分观点则侧重于学生的培养重点，但各种观点都有共同之处，即都强调要突出学生的主体地位，如个别化教学以学生为中心，关注个体，老师的作用在于指导；"生本教育"突出学生，认为"学"是内因，"教"是外因。"生本教育"对于学生的关注，是内在的成长，具有主动性，而不是被动式的，反对应试教育；"双元制"突出基于职业的工作能力的提升，突出学生的主体性和主动性，并强调教师的作用在于辅助学生实现个性和能力的成长。

　　以上经验为提升学生学习力提供了较好理念借鉴，在学习力提升的策略实施中要切实树立以学生为中心的理念，围绕学生的主动性发挥，协调教与学对应的关系，促进个体的成长。这为学生学习力提升策略奠定了基本的行动宗旨。

　　（二）制度层面经验梳理

　　1. 制度框架建设

　　制度框架的设计和建立是澳大利亚职业教育发展的重要条件。这个框架包括三个基本体系，分别是资格框架、机构认证框架及培训包，这三个体系相互依托，既发挥了宏观指引作用，又起到了微观实施指导的效果，在打造高效体系框架的基础上，为职业教育发展创造了良好条件。德国通过顶层制度设计，通过"双元"教育主体地位的确定，明确了政府、企业、行业之间的权力和义务关系，各个方面各司其职形成了教育的合力，也确立了职业教育在社会经济发展中的地位，进而促进职业教育的进一步发展。

　　2. 基于工作过程的设计

　　德国基于工作过程开展教育内容设计，使得其职业教育很好地满足了经济社会发展的需要和企业发展的要求，从而焕发出强盛的生命力。这种设计代表性的方面包括了学习情境设计、典型工作任务分析等，这些都为高技术技能型人才培养奠定了良好的基础。

确定理念可以为教育行动提供指南，而制度建立的作用在于规范教育行为，并为教育活动的开展提供支持。澳大利亚的制度框架搭建了宏观的支架，保证了学校和社会的统一。"双元制"的内容设计，立足于职业实际和工作任务的特点来规划课程，也保证了学校、社会的衔接。以上两种设计不仅让学生的学习更具针对性和实效性，还有效协调了行业、企业的行动，整合了教育资源，实现了育人合力。学生将所学与所用紧密联系，成为适应社会和企业需求的技术技能型人才。

（三）执行层面经验梳理

1. 关于情境设计

德国"双元制"的内容中十分重视知识与工作情境的联系。基于情境的学习直接将知识和任务连接，能够更为有效地将知识转化为实际的技能。按照"素质冰山"的观点，显现出来的知识和技能是职业素养的冰山一角，大部分职业技能需要以默会的知识或者技能来实现。在传统学徒制度下，学徒正是通过和师傅一起工作，在长期实践活动中逐步掌握了默会的知识以及技能。现在大班制的发展，为了集中教学逐渐将学习场所转移到学校，虽然提高了教学效率，但是也导致学习缺乏了场景。通过情境化设计，学习者置身于与知识对象相关的具体场景中，这样才能有助于学习者获得最为真实的感受，这种感受是通过完成实际的任务而非谈论问题所能获得的。学生在真实的环境中甚至在实际岗位中学习知识和技能，这不仅可以提升其对学习内容的理解程度，还能通过实实在在的学习成效激发学生的价值感。

2. 关于"学习共同体"

"学习共同体"的构建强调对话协商的课堂设置，并在课堂中搭建多元的话语空间，让学生们通过参与对话倾听来自不同专业和领域的观点。在这个过程中，教师作为重要概念的介绍者，为学生及时提供"支架式"的支持。"生本教育"实践中颠覆了课堂的教法也充分协调了课堂教学中的师生关系，并充分调动学生的主动性。"生本教育"课堂强调交流、合作以及自主，"生本教育"的实践强调突破以往的传统模式，鼓励学生在课堂上发挥主导作用。通过调动学生的责任感和主动性，让课堂变得自主、活跃。通过前置性作业的安排，并要求小组分别进行陈述，促进学生的自主学习。教师作为指导者，一方面激发学生的学习热情，另一方面给学生提出恰当的指导意见，促进学生更好地开展交流与研讨。

3. 注重情感的教育

根据"生本教育"中的观点，相较于知识以及技能的培养，情感培育更加重要。因为情感的培育关键在于感悟的形成，而感悟是学生的精神生命得以升华的重要途径。学生通过学习要达成的最核心目标之一就是在知识积累到一定程度后形成感悟，感悟到了才能被学习者个体认同从而达到内化，内化了才能实现精神生命的升华。

综上，各项措施通过强化了学生在课堂的主体作用，激发了学生的学习热情，提升学生在课堂的参与度，从而变"被动"接受为"主动"学习。如情感引导的方式，激发了学生的内动力，为其外在学习行为提供了力量支持；课堂共同体的构建，不仅提高团队学习和互动，也使学习不再是被动地接受知识点，而是变得更加主动；学习情境的设计，让学生真正地从生活中学习，不仅使得学生在能力上得到提升，还能使他们得到职业身份上的体验，增加了职业认同。以上做法将在本文学习力策略制定中以予吸收采纳。

第三节　策略方案的制定

本文中关于学生学习力提升策略方案制定的基本思路是依据学生学习力提升的目标，聚焦主要着力点，在充分借鉴已有经验基础上，从理念、制度、执行三个层面提出策略建议，具体内容如图6-1所示。

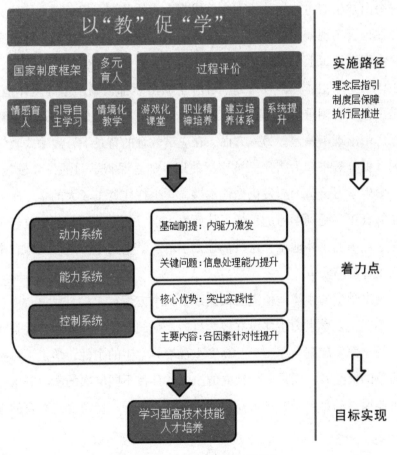

图6-1　学习力提升策略模型图

一、理念层面

"教"与"学"是教育活动中最重要的两个方面，二者之间的关系是教育活动有效开展的基础。强调自主学习不代表忽略"教"的作用；相反，这更需要"教"的妥善引导以调动"学"的主动性。应该树立以"教"促"学"的理念，为推动学生学习力的提升创造良好条件。

（一）突出学生的主体地位是基础

突出学生的主体地位的理念已成为大家的共识，但是在具体的实践中往往也会出现偏离的情况。一方面，对于学生主体地位的具体落实形式，大家在认识上仍然存在分歧，如关于学生主体地位存在双主体、主导主体、共同主体等多种论断，各种论断虽然都强调学生的主体地位，但是由于各有侧重，一定程度上模糊了对学生主体地位的认知，导致实际操作中出现了偏差。另一方面，在应试教育的背景下，灌输式教学方式因其提分效果较为明显而被广泛使用，加之课程学习的任务量较大，对于学生学习价值的启发仍做得不够，学生往往背负较大的学习压力而未能够真正感受到学习的乐趣，从而失去学习的主动性，甚至放弃了自己在学习中的主体地位，这些都导致了落实学生的主体地位的理念未能得到很好的落实①。

突出学生的主体地位需要做到以下两个方面：

第一，以学生为主体设立教学目标。强调学生的主体性，就是要强调人的全面发展基本原则，并高度重视培养学生的个性，学生不再是知识简单的接受者，而是一个独立的主体，存在不同层次的学习需求，学习主体通过满足自身的学习需求而实现全面发展。换言之，教育的本体

---

① 于蕾. 高职学生自主学习能力的现状调查及研究［J］. 淮南职业技术学院学报，2019（5）：5.

功能便在于培养人，教育只有培养出全面发展的人才能实现其价值目标①。

第二，发挥学生在教学中的主体作用。主体意识和精神在教育实践过程中是真实存在的，要培养主观能动的"人"，必须强调学生在教育实践过程中的主体性，如在"翻转课堂"实践中让学生成为课堂中的主角，学生策划、执行，甚至学生评价，老师通过设计和提供支持发挥引导的作用。实践表明，只有主体性得到发挥，才能提升"人"做出学习决策以及行为的意向，激发个体潜力，推动学生成为自主学习的学习者，避免因为短期的任务和考核而偏离了教育的初心，影响了促成学生成长目标的达成②。

(二) 树立成全思想是关键

形成以"教"促"学"的关键在于教师树立基于成全的教学思想。一般而言，教师传授知识、经验和方法，具有先天的知识主导权，难免处于控制地位，从而弱化了学生的主体地位，因此教师应有意识地突出学生的主体作用，发挥主导作用即隐性主体，帮助学生实现自主的学习③。所谓成全，就是根据对方的实际出发，满足对方的需求并促进对方的发展。在教师和学生这种责任关系中，双方的互相负责不再是理所当然的关系，"我为你负责"将取代"你对我负责"，基于这种互相配合和感恩实现教师和学生的共同发展。在这种责任体系下，教师因为自身的付出而收获感恩，其在教育中的价值得到充分认可。同时，学生通过承担学习责任而实现全面发展，个性得到张扬，潜力也被有效挖掘。教师和学生在主体性教育模式下所建立的新型伦理关系虽然不强调彼此

---

① 王道俊，郭文安. 教育学 [M]. 北京：人民教育出版社，2009：78-82.
② 闫宁. 高等职业教育学生学业评价研究 [D]. 西安：陕西师范大学，2012.
③ 刘红英. 从"学习"到"支持学习"[J]. 江苏教育，2019（34）：63-64.

回报，但是凸显平等性和对称性，最终实现互相成全的目标。在成全背景下，师生关系超脱了你我之间的关系，学习成为共同成长的要求，教师因起到"助"的作用而与学生结合在一起，在成全学生中成全了自身的价值，教师的最大价值就在于指导并帮助了学生实现全面发展，引导学生走向"智慧""意义"的生活①。

成全思想落实到教学实践中一方面是采用引导而非主导的方式。教师在"教"与"学"的关系中，教师更要做好学生自主发展的引导者和引领者。教师应注意避免灌输，而是提出有价值的问题，让学生开展讨论，学生在课堂上有充足的时间开展自主交流和成果展示，生成知识，提高完成任务的能力。另一方面是确立共同而非你我关系。根据主体性的观点，自我和他者的交往是教育的关键所在，教学交往不管是主体性的，抑或是主体间性的，都必须解决自我和他者之间的相关性。换言之，不同主体之间在交往和理解的基础上，实现他者向自我还原，促使两者保持一致性，进而实现同一目标下的行为意向。在教师和学生的教学交往方面，如果学生的定位为他者，则教师本身是为践行对学生客体绝对责任而存在的主体。对教师主体而言，绝对责任和教师承担责任的意愿、承担责任的内容并无直接关系，而是双方教学交往所赋予学生的责任；与此同时，教师主体对学生客体的绝对责任也并不是法定责任或者道德责任，而是教师主体在精神层面上对责任的倾向，这种责任就体现在相互的成全②。基于相互成全的态度，是双方走向统一的平衡方式。

---

① 冯建军. 主体教育理论：从主体性到主体间性 [J]. 华中师范大学学报（人文社会科学版），2006（1）：116-117.
② 刘要悟，柴楠. 从主体性、主体间性到他者性——教学交往的范式转型 [J]. 教育研究，2015（2）：106.

（三）学生的全面发展是目标

教育的目标是促进学生的全面发展，表现在以下两个方面。

第一，需求的全面性是学生全面发展的动因。需求是人的内在要求的外化体现。人的需求是多层次的，包括了生产实践的需求，研究探索和文艺创作等需求，自由、全面发展的需要等。学生基于多样需求而必须全方位的提升自身，只有这样才能突破具体分工的界限以从事丰富的社会活动。对于学生个体而言，多层次需求是其持续发展的核心动力，具有明显的激励效应。只有全面发展了，个体的需求才能在其参与丰富的社会活动过程中得到充分满足。

第二，成长是学生全面发展的内核。学生的全面发展就是学生的个性的发展，是一种"立体式"的成长。所谓"立体式"成长就是学生内外兼具的综合素质、能力和心理的提升。教师要促成学生"立体式"的成长，使学生发展成为德才兼备的人才。具体而言，就是把学生培养成既能够符合时代要求，遵守社会道德规范的"共性"，又能够精益求精，特色鲜明的"个性"的职业人①。为此，教育要摆脱"功利性"的教学方式，在"功利性"的教学方式下，学习往往是为了完成某项任务或者考试，具有短期功利性。这类学习往往不持续，一旦短期目标达成，学习行为中止。要培养学生成为学习型人才，不仅要有终身学习的意识，还要有自主学习的能力，承担起主动学习的责任，开展卓有成效的学习行动。

二、制度层面

以"教"促"学"的理念落实需要匹配相应的制度设计。本文将

---

① 齐伟. 信息化环境下五年制高职学生学习力提升的实践路径探析［J］. 江苏教育研究，2018（5）：17.

从三个方面进行探索：一是学习的内容联通，即学什么的框架规定。学习的内容需要从制度层面搭建链接平台，统一标准，衔接各系统或环节，国家资格框架的建设是其中有效的途径。二是教学环境的设计。要实现对"学"的支持，"教"的作用发挥至关重要。要理顺各教育主体的关系，充分发挥其优势和作用，为高职教育提供场所、条件等有力保障。三是考核方式的改变，即学习效果考核的指导依据。学习力的提升是一个系统过程，以结果为导向考核的弊端在于错误引导"教"或"学"对短期效果的关注，关注于过程的改变将有利于将学习本身的地位和作用提升。

（一）建设国家资格框架为终身学习提供空间

1. 国家资格框架基础在于其衔接作用

我国职业教育中人才培养状况同经济的发展需要还有距离，主要表现在以下两点：一是学校的教育模式并未能够完全适应市场的发展变化。一方面学校按照自成体系的教学模式开展育人工作，所培养的人才无法满足企业的要求；另一方面企业参与职业教育的程度相对较低，特别是随着技术的快速发展，企业对人才能力需求的变化信息无法较快地反馈到学校教学中。二是职业证书与职业能力的脱离。目前的职业教育证书制度存在明显偏差，首先职业资格教育的证书过多，含金量较低；其次，职业资格证书和教育经历存在较为明显的偏差，无法提供有效的相互支撑①。资格框架的建立能够有效解决以上问题。所谓资格，即达到既定的标准，在一个统一的标准下有利于促进教育各个环节的衔接，对于提升职业教育的规范化发展具有正向作用②。职业教育作为一种跨

---

① 姜太源. 现代职业教育与国家资格框架构建［J］. 中国职业技术教育，2014（21）：26-27.

② 刘育锋. 国家资格框架——职业教育课程衔接的依据——基于比较的视角［J］. 中国职业技术教育，2013（18）：6-8.

界的教育，有必要在国家层面上制定资格框架，从而为各个阶段、各种类型的教育衔接创造良好条件。

2. 国家资格框架关键在于其结合作用

国家资格框架关键要关注两个结合。一是教育内容的结合。当前，职业教育课程的职业导向性仍待加强，国家资格框架的建立，从制度层面统筹协调，有利于打破学校教育和企业实践的壁垒，促使职业教育的课程能够与行业技术保持同步发展，从而使得高职教育中技能培养不至于与现实脱节。国家资格框架关注学习结果而非学习年限，以社会需求设置能力标准，基于市场劳动需求开发课程，强调学生专业技能培养，有利于提高职业教育的实效性①②。二是评价结果的结合。在国家资格框架体系内，通过建立个人学习账户而实现培训成果的有效转化，通过梳理技术技能人才等级与证书文凭体系的对应关系，完备与人才等级相配套的薪酬体系，提高高职学生的预期，同时增强高职教育吸引力③。

关于国家资格框架的构建，目前多地已经开展了积极的探索。以海南为例，2019 年出台了《关于支持海南深化教育改革开放实施方案》，提出探索建立新型资历框架体系。通过推动海南建设学分综合转换、学习成果互认互通的终身学习体系，推进形成了海南职业教育"立交桥"人才培养模式④。2018 年 12 月，教育部在全国选择了 15 所高职院校进行职业教育本科层次人才培养试点，作为入选院校之一，2019 年 5 月，

---

① 张友梅. 三年制与五年制高职生学习力比较研究［J］. 湖北广播电视大学报，2016（10）：38.

② 肖凤翔，安培. 国家资格框架规制职业教育：赋权、边界与再造［J］. 中国高教研究，2017（7）：106.

③ 匡瑛，井文. 健全国家职业教育制度框架是实现职教现代化的需要——基于国际比较的视角［J］. 教育发展研究，2019（7）：31-33.

④ 海南职业教育"立交桥"人才培养形式有中高职"3+2"连读，高职与普通本科联合培养，高职与普通本科"3+2"分段培养，中高职"3+2"分段培养和中职与普通本科"3+x"分段培养模式。

海南科技职业学院（本科）经教育部正式发文同意更名为海南科技职业大学，这也开启了海南高职教育加快探索高层次应用型人才培养体系模式的新征程。目前，海南加快构建、完善国家资格框架的行动为推动各类教育协同发展创造了条件，对海南高职教育的发展呈现积极的作用。

（二）完善多元育人模式为企业参与高职教育创造条件

传统教育以学校为本位的教学模式使得职业教育存在不足，一方面高职院校的学习内容与实际的工作要求存在脱节情况，学校里所教授的理论无法满足实际工作的要求，而企业参与高职教育程度有限，学生到企业实践的机会仍然缺乏；另一方面校企合作中，企业培养学生的工作往往流于形式，甚至存在将学生当作廉价劳动力使用的情况。以上问题的出现，是由于育人主体之间关系并未理顺，合作育人模式并未完全形成。对此，应从以下几个方面做好工作：

1. 切实提高企业参与高职教育的积极性

企业作为经济体，实现利益增长是其核心目标。利益的增长来源于显性利益和隐性利益，如人力资源回报、社会声誉等。应通过系列措施提高企业参与职业教育的利益回报，切实提高其参与积极性。

首先，需要从政策立法的角度明确校企合作中的责任和义务。我国在校企合作等方面出台了一系列政策、法规，在规范校企合作方面起到积极作用。但是这些政策、法规普遍缺乏具体性和强制性，没有明确企业在职业教育中的定位。这一定程度上影响了企业参与职业教育的主体性和积极性。因此，政府要加强统筹管理，出台相关政策和制度文件，明确合作育人相关方的责任与权力，避免缺乏权利的责任或者缺乏责任的权利。企业在承担了公共服务的责任同时给予相应的利益支持，如政策扶持、经济补偿等。我们可借鉴德国的做法，如德国为提升企业在职业教育中参与度，由政府出资给企业提供教育促进补贴，极大地调动了企业的积极性。

其次，要进一步完善价值补偿机制。进一步发挥政府主导作用，加强行业沟通，通过行业规范公约或者合同，构建协商和利益补偿机制，如在德国实行的"双元制"中，企业与培训学徒之间签订培训合同明确地规定了学徒的培训时间和工作内容，对于学徒所创造的工作价值和企业付出的培训成本也有较为详细的说明，通过培训合同不仅有效地约束企业和学徒的行为，保障相互权益，还便于培训成本和培训受益的核算，大大减少了企业与培训学徒之间的纠纷和冲突，为相互的合作奠定了重要的基础。因此，我国校企的合作，参与培训企业也可以通过建立更有效力的合同关系来保障自己的权益，明确权责，通过建立政府、行业、企业、个人参与和认同的承诺关系，保障合同权益关系的履行。政府或者行业可通过设立补偿基金等方式保障各方的权益。

最后，提高社会认同，提升合作育人隐性价值量。育人标准不统一，人才质量参差不齐是社会对职业教育人才培养缺乏认同的重要原因。只有切实提高人才培养质量，才能够不断提升职业教育在社会中的影响力和价值认同，企业参与职业教育的隐性价值回报才能够得到较大的实现。政府应该发挥其政策指导和管理职责，保障校企合作的良好环境。赋予行业协会更大的权力，通过行业协会参与制定标准及分享人才需求信息等方式加强与教育部门的联系，充分发挥行业协会在企业和职业教育中的连接纽带和协调作用。同时可以通过行业协会整合企业力量，制定行业人才标准，加强参加教育企业的筛选和考评工作，切实提高人才培养水平。作为一种系统性工程，必须发挥政府、企业、学校与社会的合力作用，在各方面积极参与的基础上提升各方面对职业教育的认可度。

2. 发挥职业教育社会伙伴及中介组织的作用

第一，坚持社会交换的基本原则，激发企业参与高职教育的意愿，构建新型校企合作伙伴关系。伙伴间必须基于相互尊重和诚实守信的原则，认真梳理并履行各自的责任。在充分发挥各自优势的基础上，维护共同利益的实现。伙伴关系的每一个成员都不能仅仅着眼于各自利益，而是要充分考虑其他伙伴的利益。遵循共赢互促的原则，建立由高职院校与政府、行业、企业、社会组成的多层次、多向性社会伙伴关系。各伙伴成员在充分发挥各自优势的基础上，推动共同利益的实现。高职院校在技术导向下，培养学生实践能力的水平不断增强，同时通过资源整合，也弥补了资源不足的问题。企业在产学研协同的基础上加速知识转移以及转化，从而构建自身的核心竞争力。政府通过统筹协调，提升了教育水平，促进了人才的培养，提升了社会生产力。

第二，要进一步发挥社会中介组织的黏合作用。社会中介组织具有较高的灵活度，可以有效连接各个主体，具有天然的黏合作用。所以，有必要在法律层面为社会中介组织参与高职教育创造良好条件，让其成为促进构建高职教育互利伙伴关系的关键力量。同时，政府要转变职能，实现其从教育的"管理者"向"服务者"的角色转变，为多元化教育格局的构建提供支持，做好服务。

（三）评价改革为学校开展学习力提升教育提供支持

改进评价方式，摆脱短期应试的束缚，让学生的学业评价成为促进学生更好掌握职业技能、提升学习能力的方式，让学生不被课堂知识点或者考点所"绑架"。

1. 教学过程的考核从"关注结果"到"考核过程"

高职教育的考核应紧紧围绕学生的能力培养，充分发挥考核的促进和激励作用。通过考核了解学生对实际问题的解决能力，提升学生对知识的理解程度，真正实现培育实用型人才的目标①②。可以采用任务考核的方式，如采取课堂作业、小论文、单元测试或实践报告等形式，这样能够强化对任务能力的关注；强调在教学过程中融入考核，在教学内容的设计中融入更多对知识点以及技能点测试的环节，促进学评结合；加强综合性考核，提升学生对知识的综合应用能力。同时，考核过程中也要注重对人才品德素养的评价，突破仅仅关注能力的局限，引导其将学生培养成德才兼备的职业人才。

2. 通过实践性考核检验"学"和"教"

在社会经济的发展体系中，高职教育的作用在于培养高层次的技术技能人才。因此，在考核上应关注学生对知识的运用，突出技术和技能，实施实践性考核。可通过与企业合作，打造更多具有开放性和实践性的考场；将实际生产项目纳入考核范围，考核的过程就是考生解决实际问题的过程；在生产中开展考核，考核的内容就是实际工作的项目。通过以上方式不仅可以更全面地了解学生对知识的掌握程度，还可以了解其实际操作能力，以判断其综合素质。同时，考核不仅仅是为了"考"学生，通过实践性考核也可以让学生进入"实战"状态，调动学生的挑战欲和成就感，提高其学习的主动性和创造性③。

3. "课程考核"与"职业认证"相结合

课程教学的目的就是为了让学生能够学习并掌握与工作岗位相匹配的能力。职业资格证书是衡量学生职业能力水平的重要依据，获得了相关的职业资格证书就说明该学生具备了从事该相关专业工作的资格和能

---

① 赵学瑶，于萍，林若鑫. 中西方传统学徒制比较研究——兼论对高技能人才培养的再思考 [J]. 职业技术教育，2016（34）：35.

② 王晓平. 基于"工作过程"的高等职业教育课程考核方式改革 [J]. 齐齐哈尔大学学报（哲学社会科学版），2009（5）：172-173.

③ 裴娣娜. 学习力：诠释学生学习与发展的新视野 [J]. 课程·教材·教法，2016（7）：5-6.

力。因此，能力考试与职业资格认证可以相互结合。学生在课程结束时可以申请参加职业资格证书考试，并以此代替该门课程的考核，获得相应的职业资格证书。这样，不仅有利于课程教学和企业对学生现实能力要求的匹配，还能够促进学生实际操作能力的提高，同时学生可以获得相应的职业技能，能够有效提高其学习的积极性①。如在国家"1＋X"证书试点制度的政策指导下，海南科技职业大学的建筑信息模型（BIM）、老年照护、物流管理、云计算平台运维与开发等13个项目获批教育部批准成为"1＋X"试点项目。这里的"1"就是指学历证书，"X"就是指各类技能等级证书，它既包括在校外取得的各种职业资格证书与职称证书，又包括在校内取得的职业技能等级证书。该证书考核颁发一般由教育部审核批准，学校可以联合知名行业或企业进行，通过等级反映学生的职业技能水平和职业综合能力，与在校外取得的职业资格证书具有同等效力，享受同等待遇。自项目实施以来，在提升实践能力和校企合作方面取得积极成效。职业认证的过程，客观上加强了过程评价，促进了课堂学习向生产实际的转向，为进一步推进课程考核和职业认证结合积累了宝贵的经验②。

三、执行层面

当前，学生学习力的问题突出表现在学习内动力的不足、信息加工能力缺乏、实践性优势未凸显以及学习力因子总体水平不高等方面。因此，有针对性地解决以上问题是策略实施的落脚点，以下将立足于学校和个人层面提出策略建议。鉴于本书第七章还将阐述针对部分策略开展

---

① 赵璞，任雅洁. 从德国职业教育经验看我国高等职业教育考试与考核模式改革 [J]. 继续教育研究，2010（5）：91.

② 韩长日. 职业本科教育的思考与探索 [J]. 海南师范大学学报（自然科学版），2020（2）：240.

实践的情况，因此以下策略的一些操作内容将整合到所选取高职院校的实践中，并在第七章中一并予以阐述。

（一）激发内驱力，解决学生"不想学"问题

激发学生学习内驱力，一方面需要关注学生内在需求，唤醒其内在学习动机，另一方面要注意培养学生的自主学习思维，提升其自我激励的能力。

1. 加强情感育人，激发学习内驱力

首先，要关注学生的内在需求。让学生"想"学的关键是唤醒其内在学习动机，而动机产生往往来源于个体内在需求的失衡，是个体为了达到内在需求的平衡而产生的驱动力①。可从以下两个方面入手：一是可以通过加强课前引导和生涯规划，有针对性地引导学生客观地认识自己的内在需求，从而激发其产生学习内驱力，如在课程导论部分加入职业兴趣探索的内容，让学生尽可能多地梳理出与本门课程相关的兴趣点和需求点，从而激发学生对学习的内在需求；二是将教学与学生的未来生活联系起来，避免出现课程教学止于当下考核的误区，引导其将专业成长与人生的长远发展连接，畅想人生的意义，从而激发学生对学习的价值感。

其次，注重关键环节施力，促进内驱力循环。驱力影响学习行为的路径一般包括了四个环节：一是行为的发生，二是产生变化，三是对变化的自我认知，四是产生下一步行动的驱动力。其中，产生变化和对变化的感知是驱力循环形成的关键环节。因此，促成驱力循环应着力于变化感知和变化归因两个方面。一方面在教学实践过程中，教师应给予学生正向反馈，让学生及时发现学习带来的变化，促使学生产生"看到

① 刘湘玲. 新媒体时代高职生学习投入现状的调查分析［J］. 当代职业教育，2013（9）：63.

付出的努力终于换来了成绩的提高，我感觉我的付出很值得"等类似的体验。另一方面要引导正向归因。应采取鼓励式教育方式并针对学生实际实施分类引导，如对于成绩排名靠前的学生，应注重让他们获得成就感或成功的体验，使之产生"看到所有的困难一个个被我克服了，我对自己充满了信心"的切实感受。而对于成绩排名靠后的学生，则关注他们的每一点进步，使之获得"在看到自己不足的地方在一点一点地弥补的时候我已经爱上了学习，它让我明白自己想要的知识与技术，让我变得强大"等类似的体验。

最后，重视激励式教学，促进内驱力转化。在教学中，考试成绩往往作为学生奖励或者惩罚的依据，通过奖励或者惩罚能够起到激励或者督促学生继续努力学习的效果。虽然学生通过努力取得了好的成绩，这能够有效激起他们的成就感进而更努力地开展学习，但是仅仅通过外在成绩的激励来推动学生的学习也很容易引起另外一个问题，就是外在成绩的激励在一定程度上消减学生对诸如学习兴趣等内在动机的形成。如学生往往因为过分注重分数而忽略学习本身对自我成长的意义，出现"只要不考就不学"的情况。因此，这就需要教师在教学激励方面特别注重激发及保护学生学习的内驱力。可以从以下几个方面入手：一是要多使用鼓励式教育方式，创造正向诱因，让学生得到更多的成就体验进而热爱学习、享受学习。同时要高度重视学生情感能力的培养，让学生能够更容易体验到快乐和意义，进而提升其自我激励的能力。二是要重视游戏化设计教学，将外在刺激与内在兴趣有机结合。可通过闯关、升级、英雄榜等形式，把教学的内容转化成学生容易理解的游戏形式，提升教学内容的趣味性，从而使学生在参与过程中获得更多的正向体验，进而增强其学习的内驱力。三是将教育活动与艺术形式有机结合，培养学生的学习兴趣。如学生通过课本剧的表演来学习教学的内容，不仅有利于提升学生的学习意愿，改善学习质量，还可以滋养学生的心灵，提升其审美的能力。

2. 引导学生更加自主学习

首先，引导学生正确地进行自我分析。现在教学中存在一个较为普遍的问题便是学生往往是被动地接受而非主动地学习，他们往往无法正确评估自己的目标和能力，对自主学习能力缺乏信心。"自知者明"，只有明确学习的目标和现实的状况，才能促进学生产生学习的自主行动，形成自主学习。因此，教师要善于引导学生开展自我探索。一是要引导个人对学习的意义进行探索，理解"学习是什么"，学习是个人发展的要求，终身学习应成为普遍共识。学习不应是某个阶段应该完成的任务，而应是从人生长度上被看待的事业。唯有如此，学生的学习动力才能持久，学习自主性才有可能产生。二是要引导学生设定自己的学习目标。目标能够带来力量，要引导学生进行自我需求的探索，知道自己要什么，进而结合自身的实际情况，制定详细的学习计划。三是帮助学生明确自身优势。帮助其进行自我探索，挖掘自身独特优势，形成有效的学习方式。①

其次，要帮助学生改善心智模式，形成自我思考的习惯。心智模式影响着人们看待周围事物的方法，决定了我们与周围环境进行互动的模式。然而，它沉积在自我内心，并不容易被个体自我察觉。可从以下三个方面着力加强培养工作：一是要促使学生养成反省的习惯。反省是学习者以自己的学习活动为思考对象，主动自觉地对自己的行为及决策以及由此产生的结果进行的一种审视。通过反省，学习者能够验证学习策略的有效性，发现策略中的不足，并对此进行调控，以帮助其实现目标②。二是要培养学生超越的勇气。自我超越需要修炼，一方面是对现实做出正确判断，另一方面需要对行为的结果进行恰当的归因。如将考

① 王健，郭本禹. 论学生自主学习能力的培养 [J]. 教育探索，2009 (3)：13.
② 苏堪宇. 自主学习的指导策略 [J]. 天津市教科院学报，2007 (4)：77.

试的失利归因于运气不佳，则可能会产生抱怨，而归因于自身努力不足，并积极寻找差距，则会促进下次的改进。三是要激励学生并引导学生产生正向情感体验。帮助学生明确目标并选择合适的策略，同时把控进度节奏。通过任务激励的方式，引导学生理性归因，培育收获感和满足感，积累正向情感体验①。

再次，要帮助学生养成稳定的习惯。自主学习给了学生个性发展的平台，学生不仅从学习中收获了知识，还将学习作为人生中成长的机会，在理论与实践的互动中实现个性自由的发展。因此，要帮助学生养成稳定的自主学习习惯。具体包括四个阶段，第一阶段是对自我的真实评价，确立基于现实的学习目标。任何一个学习任务都需要具备明确的计划和目标才能完成，所以学习者本人就需要结合个人实际设定合理的计划和目标。二是依据自身学习基础选择合适的学习策略，在教师的指导下，确定和自身条件相匹配的行为模式，从而引发和维持自主行为。三是推动策略的有效实施，即学生在自主学习过程中不断实施自我监控，以自身存在问题，并采用个别化的方式来弥补不足之处，提升自身的学习能力。四是总结和评价学习结果，客观评价和分析学习结果，总结经验教训，为进一步的自主学习奠定基础。以上过程反复迭代，促成认知和行动的交织及螺旋上升，进而形成稳定的行为习惯。

（二）基于任务的游戏化课堂设计，培养信息加工能力

信息加工能力是认知过程中的核心能力。调查显示，高职学生迁移力和表征力的不足是信息处理能力缺乏的主要原因。表征力可以表达为将感性经验信息抽象为理性符号信息的能力，以及将理性符号信息还原为感性经验信息的能力。迁移力是依托既有知识体系，通过知识延展知识，并有效迁移到新的领域的能力。共同学习的课堂建设和游戏化的教

---

① 孟敏．深度学习的机理分析［N］．中国教师报，2019-11-06（04）．

学设计是提升以上两种能力的有效措施。

1. 建设基于共同学习的课堂

基于共同学习的课堂不是老师向学生单向进行的知识传递，而是基于探讨问题的共同学习和成长，是在老师的引导下，师生通过互动共同获得新知的过程。具体过程包括以下两个方面的内容：

第一，确定共同愿景。共同愿景指的是团队成员共同认可的价值追求。在共同愿景的激励下，团队成员能够团结一致，并充满了实现目标的内在动力。团队成员共同努力并主动投入，共同开展班级建设，完成学习目标，形成学习共同体。

第二，建立协商关系。在课堂学习共同体中，教师和学生形成一种平等对话的关系。老师精心准备课堂讨论的"话题"，指导学生完成相关学习任务，并适时提供必要指导。学生们进行的是交互式的合作，在这个过程中，个人的"最近发展区"不断得到实现并建立新的"最近发展区"，经过反复交错迂回的过程最后达到团队共同的"最近发展区"，实现团队的成长①。

2. 设计基于任务的"游戏化教学"

第一，游戏化教学必须经过精心的设计。一是开展小组竞赛，助力游戏课堂。由学生自行组成小组，形成组间竞争、组内合作的课堂模式。成员们在小组成员的合作中获得支持，在小组之间的竞争中获得挑战和刺激，在共同完成任务中实现知识和能力的增长。二是设置挑战和奖励，任务的设置需要有一定的难度，需要小组成员通过一定的努力后方可完成，并且活动中要充分体现小组的竞争性，通过徽章、等级、挑战等方式让整个竞赛活动既要保持挑战性也要激发成就感。三是及时反馈，竞赛结果通过得分、级别等不同方式提供反馈，并表现在奖励兑换

---

① 许芳杰. 教师现场学习力的研究［D］. 上海：华东师范大学，2019.

中。四是知识嵌入和自愿参与，在提升场景真实性的基础上，通过趣味性的环节设计，优化学生的情感体验，理解知识的内涵。在此过程中一方面要将知识点精心设计嵌入游戏中，另一方面通过激发学生的竞争意识引导学员主动参与到活动中。通过自主设计、多种选择等形式，给予学生更多自主选择游戏的机会①。

第二，游戏化教学需要重视共同"作品"的呈现。在"学习共同体"中，知识以分布式的形式存在，学习就是同学们共享智慧的过程。因此，成员们"作品"的分享就显得十分重要。这些"作品"包括策划案、演讲、PPT 展示课件、音像资料等。作品分享的方式一般通过课堂展示或讨论进行，在研讨的基础上促使学生进行自我反思，并对自身观点进行优化和完善。在讨论中，大家各抒己见，这些"作品"得以不断完善并成为大家共同的成果，从而有利于知识的共享，实现组织的共同进步。

（三）开展凸显技术性的教学实践

如前所述，信息加工过程本质上就是主观世界与客观世界的链接，即抽象化和具象化的过程和相互循环。高职学生群体的认知过程特征在于强化了具象化过程从而形成的技术性优势。这种优势有利于使学生发展成技术思维能力突出的高技术技能型人才。培养高职学生技术思维能力需要注重情境化课堂建立和职业精神的培养。

1. 创建情境化课堂

学习不能脱离具体的任务、职业环境，否则就会变得"空洞"。哪怕在课堂中，学习亦需要构建或者联系到工作的"场景"。不仅如此，学生对职业技能的学习还包括了社会化的过程，通过这个过程，学生逐

---

① 张豪锋，王小梅．基于对话教学理论的课堂学习共同体研究与设计应用［J］．现代教育技术，2010（2）：49.

渐发展成成熟的职业人。因此，基于工作场景的学习是高职学生培养职业能力和发展成为职业人的重要条件。基于工作场景的学习具体化到教学中就是情境化课堂的创建。

第一，情境的融合。情境课堂上的创建需要将理论学习和实际工作场景相融合。一方面在课堂上融入工作的场景，另一方面要在企业实践中融入理论的环境，二者产生连接，形成情境化的教学氛围。现代信息技术的成熟有效地支持了课堂教学环境与实际工作场景的连接，在理论与实践相结合的基础上，为学生提供一个更加接近实际的学习情境，从而促进学生技术技能的提升。

第二，身份的融入。在学习的过程中，应为学生创设一个依托现实生活的场景，让学生在解决具体问题的过程中，获取更好的角色体验，从而提升学习效果。学生在职业教育中形成对职业身份的认知，从文化层面上融入个性的发展，从能力和精神品质上提升职业素质①。

2. 职业精神的培养

培育职业精神对职业人才培养至关重要，具备职业精神是职业人才成为"技术主体"的基础。学生职业精神的培养不仅需要其形成对职业身份的认同，更要通过训练使其具有高效的职业思维模式。

第一，培育职业身份认同感。无论是学习过程，还是实践过程，都伴随着身份形成的过程，在职业教育过程中要提升学生对未来职业的认知水平，更加深刻的了解职业内涵，在学习活动和实践活动中不断积累职业情感，学习职业道德和规范，综合沉淀成为职业精神②。

第二，创设高效的职业思维模式。职业思维模式在很大程度上反映

---

① 安德斯·艾利可森，罗伯特·普尔. 刻意练习：如何从新手到大师［M］. 王正林，译. 北京：机械工业出版社，2016：129，200.

② 杨永年. 职业学校教师教育力与学生学习力的"数理化"理解［J］. 职教通讯，2019（10）：69.

了个体思考方式背后的心理结构。熟练操作的基础就在于个人思维里对操作规程形成了高效的模式表征。实践表明，不同领域都具有相对稳定的标准以及固定程式，并贯穿于职业活动的各个方面，在教育中要结合这种程序和标准进行对应介绍和体验，并开展刻意训练。只有这样才能将行为升华为思维，固定为模式，成为高效的模式表征。

（四）系统化提升学生学习力的综合水平

1. 建立学习力培养体系

高校要充分重视学生的学习力在教学过程中的作用和意义，将学习力提升作为高职教育的关键目标，将学习力评价纳入学业评价并给予充分关注。可参考学习力结构模型，建立健全学习力培养体系，为开展针对性的刻意练习提供必要依据。不仅如此，还可将学习力培养体系与教学的知识体系有机结合，这样不仅可以针对性地促进学习力提升，还能够通过学习力提升改善学生的学习方法，提升其学习兴趣，促进学生学习效果达成。

2. 开展刻意练习提升学习力各因子水平

除了在上文中重点关注的学习意识、实践性、表征力等因子外，其他因子的全面提升亦是学习力培养的重要方面。以迁移力因子为例，其作为一个信息处理的指标对学生学习力结构优化有着积极意义。调研显示，学生学习力中迁移力因子的具体影响要素中，"温故知新的能力"得分最高，说明其在对已有知识的理解即知识的纵向延展性方面表现较好。而"关联性探索""举一反三"等因素得分较低，说明其在横向延展性即不同类别知识之间的延展上表现较弱。因此，提升迁移力因子得分应该加强学生横向延展能力的培养，强调对知识的理解而非背诵，注重对知识的运用而不局限于考试，加强知识点的关系探索。又如在注意力因子的具体影响因素中，"知识标记"得分最高，说明学生在信息筛选过程中将重点知识信息化的习惯明显。而"细节观察""环境敏感性"因素得分较低，说明学习者对于环境或者细节的信息化处理能力较差。针对以上问题，可通过开展针对性的刻意练习，创建高效的心理表征，提升学习者相应能力。

3. 协调互促，提升整体学习力

学习力各因子之间并不是孤立存在的，因此学生学习力的提升要求其各因子相互促进，整合推进。

首先，要协同"想"学和"会"学两大方面的要素。"会"学能力的提升会增加信心，让"想"学更有动力，动力的提升将有利于激励学习方法的进一步改进，从而提升"会"学能力。

其次，要促进信息处理能力和行为策略能力的共同提升。策略性因子侧重于对学习行为的控制（而非对信息处理的控制），是信息处理的支持能力。从调查数据看，学生在学习策略上，较善于建立互助关系，如通过团队学习寻求帮助，但在时间管理能力、规划能力等方面相对较差。因此，针对性地加强时间管理和规划能力训练有益于提升学生学习力策略性因子得分。

最后，在内驱力激发的前提下，提升学生的自控能力。调查显示，在自我效能因子中，学生的"学习意识"和"坚持不懈"项目得分较高，这一定程度上反映学生有很强烈的学习自我激励能力。但是学生在"行为控制"能力方面表现较差，这可能说明只有当学生认可行为的价值和意义时才能够通过自我激励的形式展开行动。因此，加强职业生涯规划，通过对行为意义上的引导而不是简单的纪律管束也许更能够提升学生的自我管理能力。

小 结

本章主要围绕以下四个基本步骤展开学习力提升策略制定的工作：

一是目标体系的明确。依据国家、社会、行业及个人的需求，本章从要素、结构、价值三个层面确定了学生学习力提升的目标体系，分别是要实现学习力各因子的综合发展，进而促进学习力水平的整体提升，从而满足个人全面发展的要求；通过优化学生学习力的三大典型结构，使得学生具有"想学"意愿，具有"会学"能力，同时具有明显的技术性特征，既满足社会对学习型人才的需要，又要满足应对行业竞争性的要求；促进德才兼备职业人的形成，满足国家对人才的培养要求和个人的价值需求。

二是主要着力点的确定。在前文分析基础上，本章确定四个主要着力点，分别是：着力解决内驱力不足的问题，着力解决信息加工能力不足的问题，着力解决实践性学习力的整合优势未形成的问题，着力解决学习力水平整体提升不足的问题。四个问题的解决不仅有利于促进高职学生学习力的提升，还将促成高职学生发挥其独特的优势。

三是经验的梳理和借鉴。本章分别从国内外两个方面入手，从理念、制度、执行层面对经验进行汇总梳理，为后续的学生学习力提升策略制定提供参考。

四是策略的制定。本章从理念、制度、执行三个方面入手探索，提出了学生学习力提升的策略体系构想。

第七章　策略的实践与结果分析

为了进一步探讨本文提出策略的可行性，笔者选取了部分策略并在一所代表性高职院校开展实践。鉴于实施的条件等原因，本实践所选策略主要针对学校与个人层面，并聚焦课堂学习。本实践基本包括了实践准备、实践过程和结果分析三个部分。其中，实践准备包括对象选择、环境设置、内容选取三个部分；实践过程主要包括四个方面，分别是自主课堂设计、情境化课堂设计、游戏化课堂设计、刻意练习设计；学习力提升成效的评价主要基于以下三个方面：一是价值层面的目标，是否有利于职业人的形成；二是结构层面的目标，是否有助于学习力结构的优化；三是要素层面的目标，是否有利于学习力各因子的整体提升。实践的基本思路如图 7-1 所示：

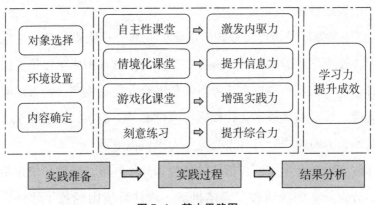

图 7-1　基本思路图

第一节　实践准备

一、对象选取

实践研究地点选取在＊＊职业技术学院。一方面＊＊职业技术学院为省级重点建设职业院校，具有良好的办学基础；另一方面此为笔者调研学校，因此对学校师生比较熟悉，有利于开展研究。实践选取《会计实务》教学班级作为具体的研究对象，因为该门课程为学校的主干课程，开课时间较长且选课班级较多，有利于开展实践。为方便实践结果的对比，本文选择了两个情况基本一致的班级，对实践班级采取新的教学策略，而对照班级不调整教学模式，这样能够起到对照的作用。实践前两个班级的同学在学习基础上的差异不大，两个班级的同学都具有相同的理论基础，同学之间相互都较为熟悉，都具有较强的互动性，并且大家的职业规划相对清晰，目标比较明确，学习的主动性都相对较好。

二、实践环境

《会计实务》是会计类专业的重要组成部分，课程的目标是依托课程学习，使得学生能够熟练掌握成本会计工作过程中成本核算方法等基础内容，熟练运用各种成本核算方法帮助企业完成生产、经营中面临的实际问题，满足初级成本会计核算等岗位的基本需求，为后续深入学习奠定基础，为持续提升自身核心竞争力提供保障。

课程实施的环境主要包括硬件环境和软件环境。硬件环境包括两个方面，分别是实训场所和多媒体机房。软件环境则涵盖了课件、局域网、教材等诸多条件。为切实提升课堂教学的便捷度，教学实践中将网络教室配置成多媒体教学电子教室，从而实现教学、演示、测验等在线化处理，学生可通过以电子举手或者信息发送的方式来请求帮助。在技术的支持下，教室和学生实现网络互动，既能让学生都参与到学习活动中来，有效激发了学生积极性，又可以改善教学效果，提升教学效率。课程实施的环境也就是本实践的实践环境。本实践以 18 周为一个研究周期，每周课时 2 个，共 36 课时。

三、内容选取

如前所述，本次实践的主要过程包括四个方面的内容，实践内容的选取主要基于以下几个方面考虑：一是具有典型性，能够体现策略理念，解决突出问题的策略建议；二是具有可实施性，特别是针对执行层面，立足课堂并保证措施的顺利实施。实践过程的四个方面内容具体阐述如下：

（1）设计自主课堂以激发学生学习内驱力。主要针对学生"不想学"的问题从以下几个方面入手：一是自觉承担学习责任；二是自觉学习的过程，三是促进自主学习。

（2）设计游戏化课堂以提升学生信息处理能力。一方面发挥教师的"导演"作用，通过激发愿景，引导学生学习；另一方面组建小组，鼓励知识共享，并通过游戏化的任务设置，激发学生的学习兴趣。

（3）设计情境化课堂以提升学生实践能力。包括设置问题先导、开展案例教学、组织课内竞赛、开展职业角色体验活动、进行点评交流。

（4）通过刻意练习以提升学生综合学习力。建立知识技能清单，同时针对性开展刻意练习，创建高效的心理表征。

第二节 实践过程

策略实践将在原有教学基础上将策略与教学活动结合，并聚焦到课堂教学和班级活动中，按照四个方面内容开展。

一、设计自主课堂以激发学生内驱力

激发学生课堂自主性学习的关键在于学生内驱力的唤起，可通过小组形式学习、过程评价、激励学生等措施以实现促进学生达到自觉、自决和自学的状态。其中，学生能够"自觉"是前提，实现"自决"是基础，达到"自学"是主要目标，具体设计内容如图 7-2 所示。

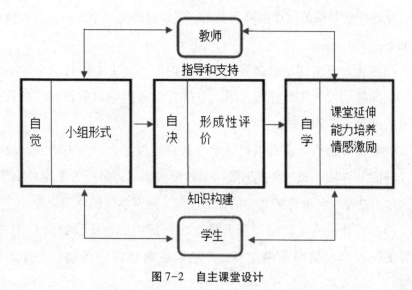

图 7-2　自主课堂设计

（一）小组形式的学习

建立课堂"学习共同体"，明确学生的主体地位，这是本次自主课堂设计的关键。本实践中采取小组制的学习方式，即以小组形式组建课堂共同体。全班共分为6个小组，每个小组约5个人，基于自由匹配的原则成组。在小组组建中兼顾了帮带的原则，让学习基础较好的学生与基础较弱的学生搭组，以达到帮带的效果。这样不仅能够有效缓解教师压力，还能增进学生之间的互动。小组将自行推选组长，并集体讨论制定管理规则，组长负责小组成员的考勤、协调，并负责给组员平时表现评分，这样做的目的之一是让学生们意识到课堂责任的转移，教师不再是课堂的"控制者"而是"指导和支持者"，学习成为同学们自己的事情。

（二）学习的过程评价

为了强化过程评价，此次课程在教学评价方面采取形成性和终结性两种评价相结合的方式，将教师和学生均作为评价主体，建立多元化的评价体系。要求每个同学都要参与项目的实施，结合最终的完成结果对学生进行评价（见表7-1）。终极评价以测试为主，包括平时测试和期末测试，考察学生的教学知识点掌握情况。测试包括知识点的考试，也包括任务完成情况的测评。测评通过学生自评、组内互评、组间互评、老师打分等多种评价方式，多元评价主体都参与其中。

表7-1　《会计实务》课程过程考核评定标准

项目		权重	说明
课堂考勤纪律	考勤	10%	旷课：1次扣5分，扣至0分为止 迟到：1次扣3分，扣至0分为止 早退：1次扣3分，扣至0分为止
	课堂纪律	5%	使用手机、睡觉等，每次扣0.5分，扣至0分为止
任务完成情况	参与性	15%	主动发言1次得4~5分，共15分
	表现情况	15%	创新性、实践能力、沟通能力等

续表

项目	权重	说明
作业	15%	不少于 8 次，迟交一次扣 1 分，扣至 8 分为止 未交一次扣 2.5 分，扣至 0 分为止
平时测试	20%	技能操作 4 次，每次 5 分，共 20 分
期末测试	20%	闭卷笔试

（三）激励学生学习

在教学过程中，教师提供学习支架，同时要通过正向反馈进行情感激励以提高学生的学习积极性。情感激励的方法包括了成就事件法、正向反馈法等。如在以下例子中，在课堂中运用成就事件法可激发学生的成就感，从而提高学生的学习热情。

教师发布任务：请同学们用 STAR 法来编写成就故事，内容包括以下部分：

➢ 当时的形式（situation）

➢ 面临的任务/目标（task/target）

➢ 采取的行动/态度（action/attitude）

➢ 取得的结果（results）

学生展示：根据培训计划，我们要根据自己选择的题目，完成一次 PPT 讲解，由于在之前没有学习过 PPT 的制作方法，因此请宿舍同学为我讲解了 PPT 相关软件的使用方法，我本身也在机房进行了琢磨，对于不明白的地方请教了机房老师。在明确课题之后，我首先通过互联网查询了会计原理相关资料，然后制作了辅助教学 PPT，在此次演示中，由于我制作的 PPT 展示内容丰富，条理清晰，图文搭配合理，我获得了 95 分的高分，得到了其他师生的赞许。

教师插话：在这段文字中，我们来一起帮他挖掘一些能力和品质。

学生发言：向机房的管理人员请教了几个不明白的问题，说明了沟通能力和主动性。上网搜索了相关的会计学原理资料说明了信息搜索能力，讲解演示中表现了演讲能力。

　　教师点评：这位同学总结得非常好，我们可以进一步从三个方面看。技能方面，说明这位同学软件使用和语言表达能力明显提高；能力方面，体现了很好的信息收集能力和学习能力，善于争取资源获取帮助；从品质看，这位同学有着非常优良的品质，就是专注与坚持，有了这三点相信再大的困难都不能将他压倒。

　　后续反馈发现，该学生信心得到增强，学习热情和参与热情都有明显增加，特别在后续的课堂中主动回答问题的次数明显增多。

二、设计游戏化课堂以提升学生实践能力

　　在自主课堂基础上，通过游戏化设计，将课堂环节与"游戏"结合，可以调动学生的参与积极性，使得课堂更加活跃从而促进自主课堂的形成。游戏化课堂设计的四个关键点分别是教师导演、愿景导学、游戏设置、知识共享，具体设计内容见图7-3所示。

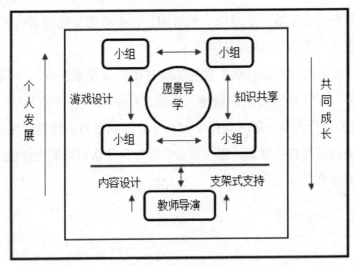

图7-3　游戏化课堂设计

（一）教师导演

在游戏化设计中，教师作为"导演"，将理论课堂与实践课堂结合，按照一定的"工作任务+剧情"的方式设计并组织课堂。在剧情的自然发展中，为了让学生成为课堂的"主角"，教师一方面要做到能够"有所为"和"有所不为"，在活动进程中不过多的干预学生的发言和选择，而是做好方向上的指引和进程的把控。另一方面要合理把握节奏和时机，让学生在交流环节中保持合理的对抗性发言，避免观点单一，同时兼顾课堂效率，避免无法达成共识的情况发生。

（二）愿景导学

本实践采用测试游戏的方法开展愿景导学，即从一个职业生涯规划的游戏"兴趣岛屿旅行调查"导入课程。这样做既可以帮助分组，又可以促进学生思考，从对职业未来的探索中寻找动力，更加明确学习目标。

执行例子：

"如果你可以到六个岛屿其中一个进行免费度假旅游，而唯一条件是你必须在岛上生活三个月以上的时间，在不考虑其他因素的情况下，选择你想去的岛屿"，内容见图7-4。

学生在游戏过后通过学生兴趣类型对比表（见表7-2），能够帮助学生更好地了解自己的职业兴趣。当然，在活动中并不给学生"戴帽子"，仅是以此为学生思考提供支架，并非标准答案，鼓励学生在活动中及活动后进行自我反思，意在帮助学生在自我认识后能更好地唤醒其内在学习动机。

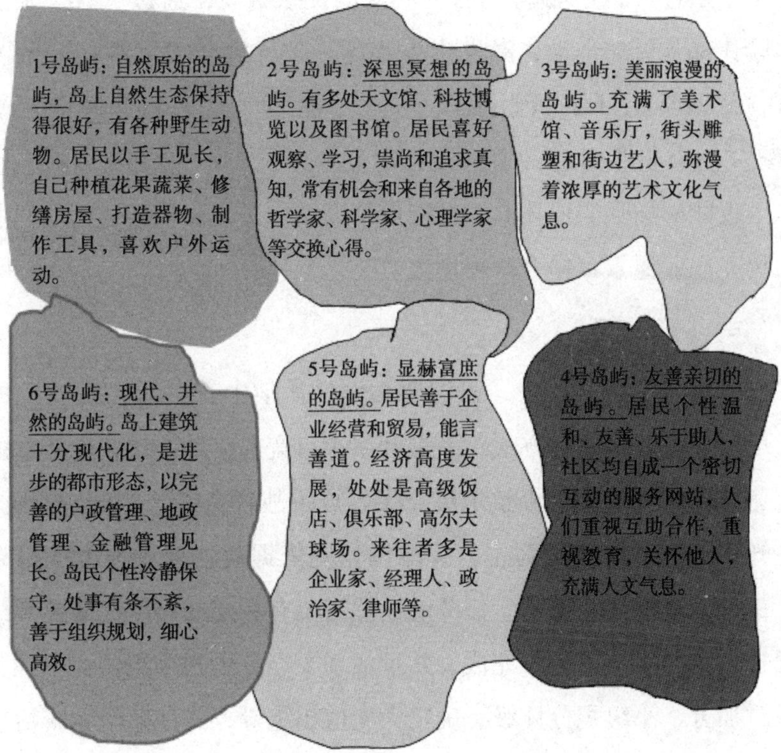

1号岛屿：自然原始的岛屿，岛上自然生态保持得很好，有各种野生动物。居民以手工见长，自己种植花果蔬菜、修缮房屋、打造器物、制作工具，喜欢户外运动。

2号岛屿：深思冥想的岛屿。有多处天文馆、科技博览以及图书馆。居民喜好观察、学习，崇尚和追求真知，常有机会和来自各地的哲学家、科学家、心理学家等交换心得。

3号岛屿：美丽浪漫的岛屿。充满了美术馆、音乐厅，街头雕塑和街边艺人，弥漫着浓厚的艺术文化气息。

6号岛屿：现代、井然的岛屿。岛上建筑十分现代化，是进步的都市形态，以完善的户政管理、地政管理、金融管理见长。岛民个性冷静保守，处事有条不紊，善于组织规划，细心高效。

5号岛屿：显赫富庶的岛屿。居民善于企业经营和贸易，能言善道。经济高度发展，处处是高级饭店、俱乐部、高尔夫球场。来往者多是企业家、经理人、政治家、律师等。

4号岛屿：友善亲切的岛屿。居民个性温和、友善、乐于助人，社区均自成一个密切互动的服务网站，人们重视互助合作，重视教育，关怀他人，充满人文气息。

图 7-4　"兴趣岛"课前游戏

表 7-2　学生兴趣类型比对表

岛屿	类型	职业角色
1号岛	实用型——R	例：工程师
2号岛	研究型——I	例：经理助理
3号岛	艺术型——A	例：设计总监
4号岛	社会型——S	例：人力资源主管
5号岛	企业型——E	例：总经理
6号岛	事务型——C	例：行政主管

学生通过"六个岛屿"的生活情境设想游戏，通过寓教于乐的方式，既让课堂更加生动，激发学生兴趣，又可融合"兴趣岛"的测试内容，帮助学生开展职业探索。同时，根据学生的兴趣倾向让学生"扮演"一个职业角色，学生按照职业角色的分工完成具体的工作任务，不仅能够加强职业体验，还能够帮助学生进一步梳理自己的职业理想，树立职业愿景，提升学习动力。

（三）游戏设置

在课堂的剧情发展中，通过精心设计让学生有参与"游戏"的感受。可以通过以下几种方式：一是开展小组竞赛，助力游戏化课堂的形成。竞赛以组为单位，将教学要点设置成挑战任务，于组间进行比赛，理论知识的讲解以展示为主，技能操作则依据数量或者速度的结果取胜。二是设置挑战和奖励。任务的设置需要有一定的难度，需要小组成员通过一定的努力后方可完成，并且活动要充分体现小组的竞争性，通过平时加分、小组积分评级、确定为轮值小组等方式让整个竞赛活动既要保持挑战性又要激发成就感。三是竞赛结果即时反馈，积分时时更新，加分也在当天课内得到兑换。四是知识嵌入和自愿参与，提升游戏场景的真实性，实现游戏和学习的深度融合，改善和优化学生的角色体验，让学生更加深入去理解知识的内涵。要将知识点精心设计嵌入游戏中，并且通过激发学生的竞争意识引导其主动参与到活动中。通过自主设计、多种选择等形式，给予学生更多自主选择游戏的机会。如作为获胜奖励，轮值小组可以在范围内选择任务设置，在一些专题上甚至可以设计规则，让学生能感受到更深切的自主性①。在游戏的进行中，学生团队运用所学知识，自主完成具体的"工作任务"，促进了实践能力的

---

① 张豪锋，王小梅．基于对话教学理论的课堂学习共同体研究与设计应用［J］．现代教育技术，2010（2）：49.

提升。

（四）知识共享

通过不同兴趣类型划分，进行搭配分组，并根据职业兴趣类型进行角色分工，模拟职业场景。一方面这有利于进行"课堂翻转"，促进"要我学"向"我要学"转变。学生在教学框架内自行组建团队、选定专题、组织竞赛、充当评审，以发挥其主体性。另一方面这有利于引导学生树立问题意识。通过强调知识的实际运用，在背景知识铺垫和方法介绍基础上，团队围绕具体的工作问题开展系列调查、研究、讨论、竞赛等，最终以实践成果为课程考评主要依据。

小组的实践同时是一个知识共享的过程。为了促进小组的知识共享，需要做好以下三个方面的工作：一是课前准备，小组根据专题进行准备，并结合情况做小组课前展示；二是课堂进行，小组通过开展项目进行讨论，适当进行组内竞争，把握冲突，促进知识交流和碰撞；三是课后作业，以小组讨论为中介，将隐性知识显性化。根据区块链的原理，将每个小组成员的知识，通过讨论和共享完成问题的"提出—疑惑—碰撞—趋同—共享"的过程。

三、情境化课堂提升学生信息处理能力

通过情境化课堂设计，学生能够在课堂教学中实现理论与实践结合。通过设置先导问题、案例教学、课内竞赛、职业角色体验等环节，着重提升学生的操作能力、情境能力、还原能力、联想能力，具体的操作流程如图 7-5 所示。

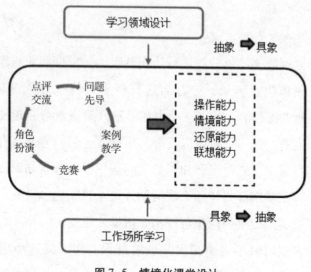

图 7-5　情境化课堂设计

（一）设置先导问题

课前围绕课堂内容设置先导问题，由一个轮值小组进行课前问题解答展示，展示时间约为 8 分钟。展示不仅要求概述相关理论，还需要针对任务进行问题分析并提出解决措施，如发布梳理"成本会计理论的发展阶段及各阶段的典型人物"的任务，这样做的目的一方面是为了引导大家开展成本会计发展过程的理论探索，另一方面是以典型人物分析为切入进而帮助搭建任务的场景。

（二）案例教学

案例教学是现阶段被广泛应用的一种教学模式，通过对特定场景的重现或者模拟而让学生参与其中，其教学的目的就是希望能改变课堂过多地让老师对学生进行"讲授"和主要学习"课本"的情况，取而代之的是让教师和学生以及学生们之间建立起基于互动的学习关系，鼓励大家就特定话题进行讨论和辩证。本门课程案例教学主要通过课前故事和案例分析方式进行，在课堂正文讲授开始前都会设置一个课前故事，其目的一方面是为了预设课堂场景，让学生通过故事能够迅速理解所要讲授理论的背景和运用情境，让课堂更加"生活"化；另一方面是将任务场景化，课前故事同时作为课堂案例练习的现实场景，将课堂练习与现实连接，从而变得更加具体和现实，有利于情境能力的培养和提高。

（三）课内辩论

辩论是一种对抗性的讨论方式，一方面因其有竞争性的特性而能够调动学生的积极性，另一方面这种方式能够有效地促进思辨和发散思维的培养。本课程在《成本计算基本方法》章节中设置辩题：集中工作方式和分散工作方式，哪个更好？在其中同时设置了适当的场景，让学生能够结合情境进行思考。

辩题的场景设计为：甲厂和乙厂合并，对于两种不同的方式各有所好，为了便于决策，厂里召开讨论会，应采用何种方式：

A 组为甲厂代表，辩论一组，主张采用集中工作方式；

B 组为乙厂代表，辩论二组，主张采用分散工作方式；

C 组为管理决策团队，为评审组，负责组织评审活动并评审结果。

在课内竞赛的组织中，需要明确教师与学生之间的关系，学生是主角，重点在"学"的环节，教师主要起支架作用，其任务主要是任务布置和知识点的引导。同时，学生不仅是活动的主体，也是考评的主体。通过竞赛、展示等方式，由学生组成评审团进行考评，帮助学生从不同维度对问题进行思考，也促进了学生的深度参与。竞赛实行组长负责制，组长通过竞选产生。每位组长具体组织组内学习与讨论、考勤和任务分配。小组期末展示得分，组长有权在基准分上给每个组员灵活打分。

（四）职业角色体验

结合课堂学习内容，给学生布置职业人物走访任务，促进学生形成职业角色体验。这不仅让学生聚焦工作场景思考问题，还能培养学生的职业精神。在过程中邀请工厂的优秀师傅分享专业知识和职业经历，培养学生对于职业的正向情感。

（五）点评交流

在课程结束前，通过点评交流活动，促进学生形成课程反思，进一步提升学习效果。点评环节包括了小组之间的点评和教师点评两个部分。通过小组之间的点评，不仅能够调动学生们展开思考，关注其他小组的任务进展和成果展示，还能够让学生从教师的角度换位思考，促进了课堂的交流与互动。教师对课程的把控体现在课程设置和点评中，教师一方面通过点评将关键知识点进行澄清，及时纠正不正确的理解，让学生更准确、深刻理解知识点的含义；另一方面通过正向肯定的方式，学生体验到成就感进而起到激励学生的作用。

以上环节相互衔接，学生经过执行任务锻炼，增强了团队协作，提升了操作能力；在案例学习中，现实的例子将理论与现实连通，帮助学生建立情境链接，提升情境化构建能力；课内辩论激发了学生的发散性思考，同时拓展了知识和联想能力；在职业体验过程中，学生的理论认知也提升了；总结阶段更是有意识地鼓励和引导，将各项能力结合融通，促进学生信息处理能力的提升。

四、刻意练习提升综合学习力

根据教学内容，制定知识技能要点清单，并开展针对性的刻意练习。这样将有利于更加精准地分配学习时间，避免对于已经掌握知识的过多重复。同时，这样能促进对于重要知识点从熟练完成到精益求精的提升。

（一）建立知识技能清单

建立以任务为纽带的知识技能清单，将学习内容通过任务的线索联结，形成较为系统的知识技能体系，以方便针对性开展教学活动。部分学习清单如表 7-3 所示。

（二）开展刻意练习，创建高效的心理表征

刻意练习是保证知识要点清单发挥作用的关键。所谓刻意练习是指针对知识要点开展深入而系统的练习，避免对已掌握的某一知识要点重复投入学习精力，或对未掌握的知识要点学习精力投入不足，同时保证各知识要点的深度学习，即完成"理解—熟练—实践"的闭环提升。知识要点和学习力要点相连接，促进了课程学习进步和学习力提升双结合。

首先，通过组内竞赛积分的形式开展学习，让学生团队精力专注，任务完成的情况还将作为过程考核的一部分给予记录，并作为学业考核的依据之一。其次，加强反馈环节。依托学习要点列表，对于任务处理的结果通过对比自评和小组点评的形式给予反馈，让学生牢固掌握知识点，并明白已掌握和未掌握部分。对于未掌握内容查明原因及时纠正，巩固学习内容。再次，促进深度学习的形成，即任何一个知识点的内容都需要完成"理解—熟练—实践"的循环，以达到学懂以致用的程度。结合学生学习特点，在深度学习过程中注重帮助学生培养高效的心理表征，将外显知识内化为内隐知识。主要通过以下三个步骤进行：一是赋予意义，将任务场景与具体的职业角色化，帮助学生理解任务背后的职业内涵和意义；二是理解关系，通过任务将知识点有机连接，形成结构化模式；三是形成表征，通过反复练习，以促进认知和行动的迭代升级进而达到精益求精的状态，并最终形成高效的行为心理表征。

表 7-3　《会计实务》知识技能清单（一）

姓名：　　　　　学号：

理论	任务	评价			
		学习力要点	完成情况（0~5 分）	问题原因	纠正情况
成本会计导读	任务 1　支出、费用与成本				
	任务 2　产品成本核算的要求				
模块一　成本计算基本方法——品种法的应用	任务 1　成本费用账户的设置				
	任务 2　材料费用的归集与分配				
	任务 3　燃料费用的归集与分配				
	任务 4　外购动力费用的归集与分配				
	任务 5　职工薪酬费用的归集与分配				
	任务 6　折旧费用的归集与分配				
	任务 7　税金利息及其他支出的归集与分配				
	任务 8　辅助生产费用的归集与分配				
	任务 9　制造费用的归集与分配				
	任 10　完工产品成本的计算与结转				

理论	任务	评价			
		学习力要点	完成情况（0~5分）	问题原因	纠正情况
模块一　成本计算基本方法——分批法的应用	任务1　一般分批法的应用				
	任务2　简化分批法的应用				
模块一　成本计算基本方法——分步法的应用	任务1　逐步结转分步法的应用				
	任务2　平行结转分步法的应用				
模块二　成本计算辅助方法的应用	任务1　分类法的应用				
	任务2　定额法的应用				
模块三　成本报表的编制与分析	任务1　成本报表的编制				
	任务2　成本报表的分析				

第三节　结果分析

此次实践中，同一教师负责实践班和对比班的教学，两个班级的总学时相同，在学期结束之后，通过期末成绩和相关调查结果来评价两个教学模式的情况。限于实施周期和条件，本次学习力的考察主要背景为聚焦课堂学习，并在教学过程中嵌入改进策略，以检验策略的实施对学习力提升的成效性。实践过程重点关注以下内容：一是价值层面的目标，是否有利于职业人的形成；二是结构层面的目标，是否有助于学习力结构的优化；三是要素层面的目标，是否有利于学习力各因子的整体提升。根据实践的内容范围，对实践班和对比班学生开展的学习力调查问卷有所简化，在保持各因子平衡的前提下，重点选取部分关键题目（见附录 D 实践对比问卷）。具体对比情况如下：

一、因子层面的情况

（一）各因子平均得分有所提高

调查显示，实践班级学生学习力因子平均得分为 3.95 分，明显高于对比班级学生学习力因子平均分 3.65 分，这说明实践中采取的措施有利于学生学习力总体水平的提升。并且实践班级学生在每一个因子上的得分均高于对比班级，说明本实践中采取的措施对于学生学习力各因子提升都具有积极意义。

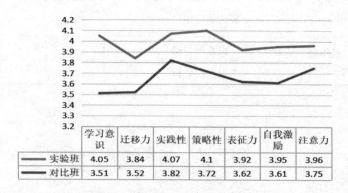

	学习意识	迁移力	实践性	策略性	表征力	自我激励	注意力
实验班	4.05	3.84	4.07	4.1	3.92	3.95	3.96
对比班	3.51	3.52	3.82	3.72	3.62	3.61	3.75

图 7-6　实践与对比班各因子的对比

（二）学习意识因子得分提高最为明显

通过各个因子的对比发现，学习意识因子的差值最为明显，实践班级在该因子的得分较对比班级高了 0.54 分，说明实践措施对于学生学习意愿的提高有着最为显著的作用。进一步分析发现，在学习意识的影响因素"有趣性"方面实践班级较对比班级高出 0.56 分，并且高于因子中各影响因素的平均水平，这说明实践策略对于学生学习兴趣提升效果较为明显。在课程评语中，学生表示"课程很有意思，不枯燥""课程较为自由，我们能够自行安排团队项目""团队项目很紧凑，我们有压力，但是很兴奋""在课程上我还学到了许多人际交往和沟通的技巧"等。这说明实践班级所采用的正向鼓励和小组团队协作的方式，能够调动学生积极性。同时，竞赛性的课程设计，让学生有游戏感，激发了学生的学习兴趣。

二、结构层面的情况

（一）学生学习意愿明显提高

从结构层面看，实践班级在学习意愿和学习能力两个方面得分都有较大幅度的提高（如图7-7），这说明了实践措施对于学生的学习意愿和学习能力两个方面都有明显的促进作用，能够有效提升学生的学习力水平。并且在意愿—能力"双螺旋"结构关系上，实践班级体现出意愿主导的特点，即体现出学习意愿驱动学习能力的学习力结构特征，这种结构特征有利于促进学生的自主学习。

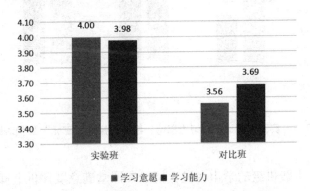

图7-7　实践与对比班意愿—能力"双螺旋"结构对比

同时，在课堂表现的观察中发现，实践班级学生的课堂活跃度和自由度相对较高，学生完成任务的能力有所提升。在实践班级的课程设计中，通过情境化设计和工作场所学习，促使学生能够将理论知识融入实践，在实践中升华、提升，形成高技术技能，形成良好的学习氛围①，这对于提升学生积极性和实践能力有着积极意义。

（二）基于内在需求的学习热情明显增强

如图7-8所示，实践班级学生的学习力表现为期待力主导型的结构特征，即在学生学习力三种"力"中期待力得分最高。这说明了实践措施使得实践班级学生源于内在需求的满足而形成的"想要学"的动力明显增强，这也意味着学生学习的动力来源中内动力成为主要部分。这与对比班级呈现的控制主导型学习力特征成为对比，说明了实践措施有利于激发学生学习的内动力。

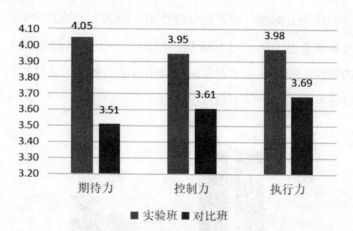

图7-8 实践与对比班学习力期待—控制—执行"三元"结构对比

同时，实践班级的学生在发言情况和课堂满意度评价上都有明显不同。对发言情况统计发现，实践班级学生的发言率为100%，大大高于

---

① 丁玲.行动导向的高职课堂教学研究［D］.上海：华东师范大学，2011.

对比班级的47%。因为实践班级在课程设置中将大部分时间用于课堂讨论和发言，并在规则设计中明确发言的奖励积分，所以全体同学都有发言机会，并都能够主动发言。在学生满意度的调查中，实践班级学生对课堂的满意度为92%，高于对比班级的85%（见表7-4）。在访谈中发现，实践班级学生满意度提升的原因主要包括以下两个方面：一是由于学生在课堂参与中基于小组竞赛的方式，学生更能够体验到"游戏"的乐趣，调动了学生的学习激情；二是由于课堂上对正向情感的激励，在点评中突出学生的优点，使其形成学习自信，激发了学习热情。

表7-4 实践与对比班课堂情况对比

班级	平均到课率	发言情况	学生满意度
实践班	91%	100%	92%
对比班	93%	47%	85%

（三）学习能力有明显提升

调查发现，实践班级学生较对比班级学生在信息处理能力及行为能力方面都有较明显提升（见图7-9），这说明实践策略有助于学生学习能力的整体提升。

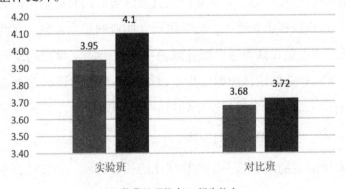

图7-9 实践与对比班两种能力情况对比

从统计结果看出，实践班级学生的学业成绩较之对比班级在期末考试成绩上有所提升，实践班级学生的总体平均分为 85.43 分，略高于对比班级学生的总体平均分 82.08 分（见表7-5）。

表 7-5　实践与对比班成绩对比

班级	人数（人）	成绩均值（分）	标准差
实践班	47	85.43	4.179
对比班	39	82.08	5.579

三、价值层面的情况

从价值层面看，学习力的提升对教学效果有着正向的影响，学生通过积极参与任务、团队合作、收集职业信息及职业人物访谈等形式，对职业有了更加具体和深入的了解，职业价值观得以逐步形成，为成为"职业人"奠定了良好基础。具体体现为如下两个方面：

（一）提升职业认知

由于实践实施中注重开展职业角色的体验，学生走入企业开展实践，以职业人的身份走访、调研并完成相关任务。这种方式有利于学生聚焦工作场景思考问题，对职业产生直观认知。同时邀请工厂的优秀师傅分享专业知识和职业经历，给学生树立职业的正向形象。在调查中同学们提到，"以前我认为这个职业就是一个打杂的，没想到还能做到这么专业"，对职业的认知随即发生了改变。不少同学还因此更加坚定了职业意向，想成为一个"像这个师傅一样厉害的人"。

（二）促进职业价值观的形成

职业价值观的培养是一个潜移默化的长期过程，虽无法在短期内实现，但是通过实践发现，部分学生表现出来的精益求精的态度显示了所实施措施在职业价值观培育上具有积极效果，这可能为工匠精神的培养起到促进作用。

对于工匠精神的关键内容，《工人日报》有过这样的报道，"70后"傅祥在南京技师学院参与了职业教育培训，并进入熊猫集团从事安装和调试工作，他从基础学习，在钳工岗位钻研了 20 余年，参与了各种型号卫星通信天线的研发和生产，获得了"全国技术能手""江苏省企业首席技师""大国工匠""南京工匠"等多项荣誉。总结成功经验，傅祥说："一个人一生做很多事不难，但是做好一件事很难，因为这需要有足够的耐性和细心，成功了不能浮躁，失败了不能气馁，在这反复的成功与失败之间，才能成就一代匠人。"① 可见，工匠精神反映在两个层面上，一方面物我合一，精湛的技艺；另一方面需要对职业的执着与热爱并具备精益求精的态度。

本实践中采用刻意练习的方法加强学生知行合一的练习：一是赋予意义，将理论与工作联系，讲解工作的环境和意义，让学习变得更有意义；二是以项目化为纽带，将知识点与工作场景连接；三是在总结和实践的循环中反复练习，促成系统 1 与系统 2 的循环，力图做到精益求精，以期形成高效表征。以上做法对于培养学生精益求精态度进而促进其逐步培养工匠精神有着积极意义。

四、讨论

（一）实践存在的局限

（1）受本次实践时间周期和范围的限制，部分措施未能充分实施，其结果也未能够充分显现，这是本次实践存在的一个局限。

（2）本次实践场所主要为课堂，并选择一门课程予以实施，由此也导致了实践环节脱离整体制度和学校环境而孤立进行。学生学习力的

---

① 智能制造之工匠精神——追求极致 精益求精［EB/OL］．新华网，2019-10-10.

提升是一个系统工程，涉及高校内各个部门和环节，这些因素都未能得到充分考虑是本次实践的另一个局限。

（3）本次实践样本量较小，部分实践成果仍有待进一步确认。

以上几个局限可能影响实践的效果，也将在今后实践设计中加以改进。

（二）实践对本文所提出策略的验证

（1）实践中各项策略的实施对学习力的提升和目标的实现起到积极的作用。无论从价值、结构或是因子等方面审视，实践都取得了积极的成效，初步验证了本文提出的学生学习力策略的价值性。

（2）本次实践主要从执行方面进行，虽有些措施未能开展，但总体而言大部分措施均得到有效实施，并取得预期效果，这也说明了本文提出的学生学习力提升策略具有较好的操作性。当然，策略的实施是一个系统工程，需要一个长期的过程，因此策略的实施也将是一个不断地探索和改进的过程。

总体而言，本文中学生学习力提升策略构想是学生学习力研究中的有益探索，对于学生学习力提升有着积极意义和借鉴意义，将有益于推动学生人才培养工作的开展。

小　结

本章中对部分措施进行初步实践，以期对其可行性进行检验。限于实施周期和环境因素，学习力的考察主要背景为聚焦课堂学习，以此侧面表现学生的学习力状态。

本次实践主要从四个方面实施，一是设计自主课堂以激发学习内驱力，二是设计游戏化课堂以提升学生信息处理能力，三是设计情境化课堂以提升学生实践能力，四是通过刻意练习提升学生综合学习力。

通过比较分析，实践措施在促进职业价值观的形成、改进学习力结构和促进学习力各因子综合提升上均有较为明显的效果。说明本文提出的学生学习力提升策略具有较好的价值性。

当然由于实践的局限性，如存在实践周期较短，系统性影响因素未予考虑，样本量较小等问题，这使得实践的设计还需要进一步完善，部分研究结果仍需要进一步验证。但是任何策略的提出与实施都是理想与现实的平衡，也不可能是一蹴而就的，其必然是一个动态调整、不断提升的过程，但这又何尝不是本文的价值所在，也为后续研究的不断深入开展提供参考，做一块"垫脚石"。

总结与展望

一、研究总结

提升学生学习力是提升高校教学质量的需要，也是培养学习型人才的必然选择。本文较为系统地阐述学生学习力的内涵、要素与结构，重点以高职学生为分析对象对其学习力现状及其优势特征进行了分析，提出了提升学习力的策略建议。

（一）学生学习力的内涵及结构

在本文中，学生学习力是指学生个体具有的能够促进其顺利开展有效学习，进而促进其实现自身成长和适应环境变化的某种能量，是学习意愿和学习能力相互作用而构成的综合体，并从以下三个层面构建了学生学习力理论模型：

一是价值层。价值层是学生学习力理论模型的核心层。学生学习力的价值追求是促进学生全面发展，并最终指向于其作为"人"的自由发展。所谓"自由"是指人的"自由个性"内在需求的满足，是人的需求得到充分尊重，个性得到充分张扬，个体得到全面发展。

二是结构层。结构层是学生学习力理论模型的中间层。本文以认知心理学的信息加工理论为基础，结合建构主义的观点，并采纳"两个系统"学说的相关论点，认为学习力存在三种典型结构，即意愿—能力"双螺旋"结构、信息处理的期待—控制—执行"三元"结构、学习力的"双能力"结构。

三是要素层。要素层是学生学习力理论模型外围层，主要关注学生学习力的组成要素。本文根据因子分析将学习力因子确定为七个：学习意识，信息筛选、表征性、策略性、迁移力、实践性、自我效能。

（二）学生学习力的优势特征与存在的问题

本文分析了学生学习力的生成机制，提出了高职学生学习力的优势特征和存在的问题，对了解高职学生学习力状况和促进其优势发挥进行了有益探索。

1. 实践主导性是高职学生学习力的优势特征

实践性因子的主导性一方面体现在实践性因子本身的突出性，另一方面体现在实践性对其他因子的导向性。本文认为，技术性是职业教育的核心属性之一，而技术性在很大程度上决定了职业教育的实践主导特征，职业教育必须突出实践性的要求，这不仅是技术性知识传播的要求，同时是技术技能型人才培养的要求。实践主导性特征能够有效促进高职学生形成技术性优势。这是因为，一方面，学生学习力实践主导性特征有利于默会知识的生成；另一方面，学生学习力实践主导性特征有利于技术性思维的形成。

2. 高职学生学习力发展存在的诸多问题

高职学生学习力发展存在的问题包括以下几个方面：一是学习力结构不均衡，学生"想要学"的内动力不足，处于"坚持"的学习状态中；二是信息处理的核心能力不强，高职学生学习力在信息处理能力上表现为策略能力主导型，在学习过程的执行系统中作为辅助性行为，策略能力得分高于信息处理能力，信息处理能力作为核心能力的作用并未凸显；三是实践性优势未能凸显，导致其技术性优势无法发挥；四是学习力总体水平还有待提升，个别短板更需要努力弥补。

（三）学生学习力的提升

1. 高职学生学习力提升的主要目标

高职学生学习力提升的目标应包括以下几个方面：一是价值目标的实现，即促进"职业人"的形成；二是学习力结构的优化，要通过优化高职学生学习力的三大典型结构，实现学生既具有"想学"的意愿，又有"会学"的能力，同时形成技术性特征明显、实践能力突出的优势；三是学习力各因子的综合提升，从而促进系统功能的全面发挥。

2. 高职学生学习力提升的基本路径

本文提出了高职学生学习力提升的如下基本构想：在学习力理论体系指导下，聚焦当前高职学生学习力培养的突出问题，立足关键作用点，充分借鉴已有经验，从理念层面、制度层面、执行层面入手提升高职学生学习力。首先，在理念层面，树立以"教"促"学"、促进学生全面发展的理念，为提升路径提供指引。其次，在制度层面，探索构建国家资格框架，为终身学习提供基础；进行评价改革，为学校推动学习力提升训练提供支持；完善多元育人模式，为企业参与职业教育创造条件。最后，在执行层面，通过采取以下四个方面的措施提升高职学生学习力：激发内动力，解决学生"不想学"的问题；基于任务的游戏化课堂设计，培养学生的信息加工能力；开展凸显技术性的教学实践，系统化提升学生学习力的综合水平。

二、创新之处

（一）成果创新方面

本文在系统梳理和综合分析已有研究成果的基础上，提出了学生学习力的理论模型，为系统探讨学生学习力及其提升的相关问题提供了分析框架；梳理和归纳出了影响学生学习力水平的七个关键因子，为探索学生学习力状况提供了具有针对性的量化工具；开展了案例质性研究，对高职学生学习力问题及独特优势形成的内在机理进行了探索，并遵循扬长避短的基本原则提出了提升高职学生学习力的策略构想。以上从理论框架、测评体系、机理分析、策略建议等方面展开的较为深入、系统的研究，在很大程度上深化和推进了关于学生学习力特别是高职学生学习力及其提升的已有研究。

同时，本研究以普通高校学生为参照，提出了高职学生学习力的关键特征；在经验借鉴的基础上，从理念、制度和执行三个层面提出了提升高职学生学习力的策略建议，并选取具有代表性的高职院校开展了实践研究。因此，与已有的研究相比，本研究在结论的系统性及其应用的可操作性上更进一步。

（二）方法创新方面

本研究基于优势互补、相互验证的原则，采用多种研究方法形成混合方法矩阵，达到了量化与质性方法互补、策略建议与实践相互验证的效果，在研究方法上有所创新。

首先，本研究在问卷调查的基础上，使用软件法对数据进行分析，归纳学生共性因子，建立了较为合理的量化评价体系。其次，针对案例进行扎根理论分析，充分发挥质性研究在场景、情感等方面的分析优势，对初步判断进行更为深入的研究。最后，运用实践法进行实证研究，对理论研究成果进行检验。基于互补和验证的混合方法矩阵，力求达到量化与质性方法互补、理论与实证相互验证的效果，有效增强了研究的有效性和可信度，在研究方法上有所创新。

三、研究展望

由于笔者研究能力和研究时间的限制，本研究仍存在诸多不足之处：

（一）学习力评价体系仍需完善 .

由于学习力理论研究体系庞大，学习力的构成要素及相关影响因素十分复杂，本研究在对学习力各因子的深入分析以及各因子之间的关系梳理上还需要加强。因此，本研究建立起的学生学习力评价体系仍需要继续完善。

（二）实证研究仍需要更加深入

实证研究是本研究的关键内容，主要包括在学习力关键要素筛选中注重实践验证、开展案例的质性研究、进行关键问题及核心优势的分析、针对策略构想开展实践研究等。然而，由于研究受到地域、时间、样本量等的限制，质性研究的样本量仍然不够。再加上周期太短等原因，在实证研究上仍需要更加系统和全面。

未来研究将集中在以下几个方面：

1. 进一步完善学习力评价体系

首先是扩展研究视野，加强文献梳理；其次是优化分析模型，在更加广泛的区域内扩大样本量；最后是对各因子的权重系数进行更加深入的探索，以构建更为精确、完善的学习力评价模型。

2. 更加系统地开展实证研究

一方面，要通过扩大研究的范围及样本量，综合考虑不同区域、不同群体学生的特点，进一步检验研究成果的普遍适用性；另一方面，积极将理论研究成果应用于实践，有针对性地挑选高校进行更为深入、系统的实践探索，扩展研究周期，不断完善研究成果，力求为高校特别是高职院校的教学改革提供更加具有实践指导意义的研究成果。

参考文献

著作

[1] 刘春生，徐长发. 职业教育学 ［M］. 北京：教育科学出版社，2002：34.

[2] 赵志群. 职业教育与培训学习新概念 ［M］. 北京：科学出版社，2003：74-79.

[3] 燕国材. 中国教育心理思想史 ［M］. 济南：山东教育出版社，2003：98.

[4] 倪钢. 技术哲学新论 ［M］. 北京：中国环境出版社，2009：10.

[5] 丁锦红，张钦，郭春彦. 认知心理学 ［M］. 北京：中国人民大学出版社，2010：45，67-69.

[6] 刘儒德. 学习心理学 ［M］. 北京：高等教育出版社，2010：122-127.

[7] 皮连生. 教育心理学（第四版）［M］. 上海：上海教育出版社，2011：45-47.

[8] 林维杰. 朱子与经典诠释 ［M］. 上海：华东师范大学出版社，2012：131-163.

[9] 戈登·德莱顿，珍妮特·沃斯. 学习的革命 [M]. 顾瑞荣，陈标，许静，译. 上海：上海三联书店，1997：8.

[10] 戴维·H. 乔纳森，等. 学习环境的理论基础 [M]. 郑太年，任友群，译. 上海：华东师范大学出版社，2002：35-39.

[11] 卡尼曼. 思考，快与慢 [M]. 胡晓姣，李爱民，何梦莹，译. 北京：中信出版社，2012：78.

论文、期刊

[1] 森林. 马克思人的全面发展学说浅析 [J]. 教育研究，2000 (3)：10.

[2] 庞维国. 90 年代以来国外自主学习研究的若干进展 [J]. 心理学动态，2000 (10)：12-13.

[3] 陈国权. 学习型组织的过程模型、本质特征和设计原则 [J]. 中国管理科学，2002 (8)：86-87.

[4] 姚梅林. 从认知到情境：学习范式的变革 [J]. 教育研究，2003 (2)：60.

[5] 张楚廷. 全面发展实质即个性发展——重温马克思全面发展学说的启示 [J]. 北京大学教育评论，2004 (4)：72-73.

[6] 吴也显，刁培萼. 课堂文化重建的研究重心：学习力生成的探索 [J]. 课程·教材·教法，2005 (1)：20.

[7] 扈中平. "人的全面发展" 内涵新析 [J]. 教育研究，2005 (5)：6-8.

[8] 冯建军. 论教学过程是交往实践过程 [J]. 江西教育科研，2005 (6)：4-5.

[9] 孙琳，李里. 职业教育的本质属性与发展模式选择 [J]. 中国职业技术教育，2006 (4)：13.

[10] 马成荣. 高职学生学习方式变革的价值取向及其途径 [J]. 中国高等教育，2006（21）：76.

[11] 张淑明. 马克思关于人的全面发展学说及其教育意义 [J]. 理论月刊，2007（7）：14-16.

[12] 姜大源. 德国职业教育学习领域的课程方案研究 [J]. 中国职业技术教育，2007（1）：47.

[13] 瞿静. 论学习力理念从管理学向教育学领域的迁移 [J]. 教育与职业，2008（3）：64-65.

[14] 吴德刚. 关于马克思主义人的全面发展学说的再认识 [J]. 教育研究，2008（4）：5.

[15] 沈书生，杨欢. 构建学习力：教育技术实践新视角 [J]. 中国电化教育，2009（6）：14.

[16] 谷力. 学习力——个体与环境相互作用的产物 [J]. 上海教育研究，2009（7）：66.

[17] 刘超，高益民. 作为终身学习评价体系的澳大利亚资格框架 [J]. 比较教育研究，2009（3）：33.

[18] 张豪锋，王小梅. 基于对话教学理论的课堂学习共同体研究与设计应用 [J]. 现代教育技术，2010（2）：49.

[19] 袁广林. 对高等职业教育本质属性的再认识 [J]. 教育探索，2010（5）：13-14.

[20] 赵璞，任雅洁. 从德国职业教育经验看我国高等职业教育考试与考核模式改革 [J]. 继续教育研究，2010（5）：91.

[21] 叶浩生. 有关具身认知思潮的理论心理学思考 [J]. 心理学报，2011（5）：589-598.

[22] 王晓华. 澳大利亚职业教育制度设计及启示 [J]. 清华大学教育研究，2011（1）：120-124.

[23] 贺武华. "以学习者为中心"理念下的大学生学习力培养 [J]. 教育研究, 2013 (3): 107-108.

[24] 李晓华. 新时期高职院校学生学习特点与对策研究 [J]. 职业教育研究, 2013 (4): 37-38.

[25] 薛维峰. 高职学生认知风格特征及教学策略研究 [J]. 教育与职业, 2014 (2): 177.

[26] 张丽英. 高职院校学生自主学习能力培养研究 [J]. 中国职业技术教育, 2014 (8): 67-68.

[27] 姜太源. 现代职业教育与国家资格框架构建 [J]. 中国职业技术教育, 2014 (21): 26-27.

[28] 刘颖, 郭靖. 天津市高等职业院校学生学习力现状调查 [J]. 职业技术教育, 2014 (23): 53.

[29] 刘要悟, 柴楠. 从主体性、主体间性到他者性——教学交往的范式转型 [J]. 教育研究, 2015 (2): 106.

[30] 郭思乐. 改革核心: 课程与教学的再造 [J]. 人民教育, 2015 (4): 21, 24.

[31] 张春华. 学习力: 走向未来的核心能力 [J]. 江苏教育, 2015 (34): 8.

[32] 裴娣娜. 学习力: 诠释学生学习与发展的新视野 [J]. 课程·教材·教法, 2016 (7): 5-6.

[33] 张玲. 生本教育及其在教育中的应用 [J]. 基础教育研究, 2016 (16): 7.

[34] 李吉林. 中国式儿童情境学习范式的建构 [J]. 教育研究, 2017 (3): 94-95.

[35] 肖凤翔, 安培. 国家资格框架规制职业教育: 赋权、边界与再造 [J]. 中国高教研究, 2017 (7): 106.

[36] 白娟, 周丽, 檀祝平. 高职学生学习力评价体系构建研究 [J]. 中国职业技术教育, 2018 (23): 39-40.

[37] 徐兵, 等. 新时代背景下高职学生学习动力现状及分析 [J]. 高等工程教育研究, 2019 (5): 144.

[38] 匡瑛, 井文. 健全国家职业教育制度框架是实现职教现代化的需要——基于国际比较的视角 [J]. 教育发展研究, 2019 (7): 31-33.

[39] 杨公安, 白旭东, 韦鹏. 职业教育质量评价标准逻辑模型与体系建构 [J]. 中国职业技术教育, 2019 (20): 79.

[40] 刘红英. 从"学习"到"支持学习" [J]. 江苏教育, 2019 (34): 63-64.

[41] 闫宁. 高等职业教育学生学业评价研究 [D]. 西安: 陕西师范大学, 2012.

[42] 何应林. 高职院校技能人才有效培养研究 [D]. 南京: 南京师范大学, 2014.

[43] 刘虎. 由遮蔽走向真实: 职业教育学生学业评价的反思与超越 [D]. 上海: 华东师范大学, 2014.

[44] 李艳. 技术知识生产的路径 [D]. 上海: 华东师范大学, 2018.

[45] 许芳杰. 教师现场学习力的研究 [D]. 上海: 华东师范大学, 2019.

附　录

附录 A：关键要素初筛调查表

本问卷仅为研究使用，请放心填写，请在你认为重要的因素上打√。

类属	序号	影响因素	序号	影响因素	序号	影响因素	序号	影响因素	其他
动力系统（想学）	1	学习意识	10	学习效用认同	19	学习兴趣	28	学习自主性	
执行系统（会学）	2	目标明确	11	课外关注	20	内化	29	意义形成	
	3	信息敏感	12	信息整理	21	关联力	30	竞争合作	
	4	信息筛选	13	记忆力	22	实例化	31	复习	
	5	表征力	14	信息提取	23	迁移力	32	强化	
	6	策略性	15	转化力	24	时间管理	33	学习互助	
	7	变化感知	16	搜索力	25	学习互惠	34	获得帮助	
控制系统（坚持学）	8	成就感	17	学习计划	26	自我控制	35	自我激励	
	9	自我督促	18	压力调节能力	27	学习毅力	36	反省力	

附录 B：学生学习力调查问卷

本问卷仅作为课题研究用途，请放心据实填写，在合适选项处打钩（√），感谢你的支持！

一、基本信息
（一）你所在年级（　）　1. 一年级　2. 二年级　3. 三年级　4. 四年级及以上
（二）你的专业类别是（　）　1. 文史类　2. 理工类
（三）你的性别是（　）　1. 男　2. 女
（四）你最近一学期成绩班级排名（　）　1. 后15%　2. 后30%　3. 前50% 　　4. 前30%　5. 前15%

二、学习力问卷

问卷编号	题目	完全符合	较符合	不确定	较不符	完全不符
		5	4	3	2	1
1	我认为自己可以在考试或者作业中得到理想结果					
2	当发现别人有好的学习方法时，我会主动学习					
3	当我学习时，我能够全神贯注地学习					
4	当学习疲倦时，我总能够激励自己，让自己充满力量					
5	当学习上遇到疑难问题时，我会主动请教老师或者同学					
6	当学习压力大时，我总能够想方设法将其转化为学习动力					

续表

问卷编号	题目	完全符合	较符合	不确定	较不符	完全不符
		5	4	3	2	1
7	当学习遇到干扰时，我总能够自我控制，不会受干扰					
8	相较于原理理解，我更擅长在实际中操作					
9	对于过往知识或者经验，我往往记忆犹新					
10	在学习上，我总能从老师或者同学那里得到很大的帮助					
11	对于感兴趣的知识点，不管是在课堂上或是在课后我都会持续关注					
12	在学习中，我总能够举一反三					
13	对于一个概念，我总能够想象出它在现实中的情景					
14	对于一个知识点的讨论，我总能够举出相关例子加以说明					
15	对于周围环境的变化，我一般能够较为敏感地察觉到					
16	相较于"是什么"的概念，我更感兴趣"怎么办"操作					
17	经过一定时间的尝试，我已掌握适合自己的学习方法					
18	我可以在考试之前，基于特定方法而唤起所学知识的记忆					
19	在日常的实训中，即使忘了相关的运作原理，我也能够熟练地进行实际操作					

问卷编号	题目	完全符合	较符合	不确定	较不符	完全不符
		5	4	3	2	1
20	课本里的插图对于我理解知识要点十分重要					
21	在学习之后，我总有概括总结所读内容的习惯					
22	哪怕遇到困难，我也不是一个轻言放弃的人					
23	取得好的成绩能够令我产生很大的满足感，为此我会努力学习					
24	如果有机会，学到的知识我都会在实际中做一遍					
25	为了更好地掌握知识，我往往需要边操作边学习					
26	为提高效率，我往往会为自己的学习事先制定明确的计划					
27	我常常把学过的知识进行分类整理，使它们更有条理					
28	我一般会用特殊而又明显的标记来处理重点学习内容					
29	我常常能够找出同一道题的几种解法					
30	我对课堂上老师说的新知识、新概念充满了好奇					
31	我对自己的动手能力很有信心					
32	我非常认同"温故而知新"的观点，并经常复习所学知识					

问卷编号	题目	完全符合	较符合	不确定	较不符	完全不符
		5	4	3	2	1
33	在学习过程中，我和其他学习者建立了良好的互动关系；					
34	我会通过大纲或者分类的方式组织所学内容，以提升知识的有序性和条理性					
35	我会经常反省自己近一段时间的学习是否有进步，并总结经验及教训					
36	在笔记应用上，我会选择部分图表或者符号，以确保内容清晰明了					
37	我觉得在学校里学习的知识，对于学习其他东西很有作用					
38	我乐于听取别人对我学习上的建议或者评价					
39	我认为在学校所学的科目的内容都很有趣					
40	我善于把已有经验或者技巧运用到新的领域中					
41	我往往会对自己的学习时间进行合理分配					
42	我往往能够观察到细小的信息，如老师皮鞋的颜色					
43	我往往能够找出看似不相关的两个事物间的内在的联系					
44	我习惯通过实际操作来学习新知识					
45	我有非常明确的学习目标					

附录 C：访谈提纲

为进一步了解大学生的学习状态，设置本调研问题提纲。请你结合题目意思选择题项，并回答问题，感谢你的支持！

1. 你认为学习是一件有趣的事？（　　　）

A. 很有趣的事

B. 说不上有趣，只是我该做的事

C. 很无趣，只是不得不做而已

另请举一个与此相关的例子（应至少包括事例的背景环境、行为、当时想法及情感等细节内容，越详细描述越好）。

2. 当你学习困倦的时候，你是？（　　　）

A. 进行自我激励，唤起动力

B. 强迫自己静下心来，坚持学习

C. 只要困倦了就停下来

在你认为，"管住"自己和"激励"自己，哪个更适合你？请结合实例表述，并具体说明"管住"自己或"激励"自己的方法（应至少包括事例的背景环境、行为、当时想法及情感等细节内容，越详细描述越好）。

3. 你认为学习与快乐的关系？（　　　）

A. 在学习中探索未知，我感觉到自己的进步和成长，这让我乐在其中

B. 我认同"学海无涯苦坐舟"，学习是自我坚持的过程

C. 学习并不快乐，但是学习能够让我得到我想要的东西，我能得到另一种满足

另请结合自身情况具体举例（应至少包括事例的背景环境、行为、当时想法及情感等细节内容，越详细描述越好）。

4. 对于学习的理解，哪一个更符合你的实际？（　　）

A. 学习就是对知识点的记忆

B. 学习是一个通过已有知识牵引出新的知识的过程

C. 知识的学习必须能够帮助解决现实中的问题

另请结合自身实例具体解释选择原因（应至少包括事例的背景环境、行为、当时想法及情感等细节内容，越详细描述越好）。

附录 D：实践对比问卷

因子类型	问卷编号	题目	完全符合	较符合	不确定	较不符	完全不符
			5	4	3	2	1
学习意识	37	我觉得在学校里学习的知识，对于学习其他东西很有作用					
	39	我认为在学校所学的科目的内容都很有趣					
	45	我有非常明确的学习目标					
迁移力	52	在学习中，我总能够举一反三					
	10	对于老师讲授的知识点，我总会延伸并提出很多新问题					
	34	我会通过大纲或者分类的方式组织所学内容，以提升知识的有序性和条理性					

因子类型	问卷编号	题目	完全符合	较符合	不确定	较不符	完全不符
			5	4	3	2	1
实践性	24	如果有机会，学到的知识我都会在实际中做一遍					
	25	为了更好掌握知识，我往往需要边操作边学习					
	44	我习惯通过实际操作来学习新知识					
策略性	5	当学习上遇到疑难问题时，我会主动请教老师或者同学					
	41	我往往会对自己的学习时间进行合理分配					
	33	在学习过程中，我和其他学习者形成了良好的互动关系					
表征力	36	在笔记应用方面，我会选择部分图表或者符号，以确保笔记内容清晰明了					
	13	对于一个概念我总能够想象出它在现实中的情景					
	9	对于过往知识或者经验，我往往记忆犹新					
自我效能	1	无论是平时作业还是考试，我都相信自己可以取得好成绩					
	7	当学习遇到干扰时，我能够自我控制不会受到干扰					
	4	当学习疲倦时，我总能够激励自己让自己充满力量					

续表

因子类型	问卷编号	题目	完全符合	较符合	不确定	较不符	完全不符
			5	4	3	2	1
注意力	15	对于周围环境的变化，我能够较为敏感地察觉到					
	28	我一般会用特殊而且明显的标记来处理重点学习内容					
	42	我往往能够观察到细节信息，如老师皮鞋的颜色等					

后　记

在实践中，学生学习力提升首先需要处理好"教"与"学"的关系。"学"归根到底是学生的责任，教师要做到既能够有效引导，又不能使得学生过分"依赖"而失去自主性，达到既不"缺位"也不"越位"的效果。学生学习力当前存在的一些问题，原因在于学生在学习过程中对其内在"自由"追求的弱化。学习外在的功利性动机扭曲了学生对内在价值的追求，由此学习变成一件"有用"的而非"快乐"的事，这就使得学生对于学习缺乏"兴趣"。因此，本书中对于学生学习力的研究就是为了不断探索和厘清"为什么而学"和"谁在学"这两个问题，本书认为学习是促进"人"的全面自由成长的过程，一旦学习者树立起基于"成长"的学习意识，而进入"快乐"学习的状态，其就能够承担起主动学习的"责任"。对于以上内容的进一步探讨将是作者下一步研究的重点。当然受到作者的能力局限，本书中诸多观点难免有不足之处，将不断予以改进和完善。

本书的完成，得到海南省社会实践一流本科课程建设、海南大学社会实践一流本科课程建设支持；得到海南省高等学校教育教学改革研究项目（项目名称：基于价值链整合的产学研用合作人才培养模式研究与实践，项目编号：Hnjg2022ZD-5）、海南大学教育教学改革研究项目（项目编号：hdjy2206）资助，在此表示衷心的感谢。同样要感谢我的老师和同门，他们给了我指导和帮助，感谢光明日报出版社的编辑为本书的出版提供了重要帮助。本书参考了大量的文献，借鉴了不少观点，受篇幅所限未能尽举，一并谨此致以诚挚谢意！